JOSEPH BRUNIER

De l'Ordre et du Type

DANS

LES ARTS SONORES ET DU MOUVEMENT

COUP D'OEIL
Sur les Arts plastiques et de la ligne.

ÉVOLUTION DE LA MUSIQUE

EN TROIS PARTIES

LIBRAIRIE CATHOLIQUE EMMANUEL VITTE

LYON | **PARIS**
3, Place Bellecour, 3 | 14, Rue de l'Abbaye (VIe)

1906

DE L'ORDRE ET DU TYPE

Dans les Arts sonores et du Mouvement

LYON. — IMPRIMERIE EMMANUEL VITTE, RUE DE LA QUARANTAINE, 18.

JOSEPH BRUNIER

De l'Ordre et du Type

DANS

LES ARTS SONORES ET DU MOUVEMENT

COUP D'OEIL
Sur les Arts plastiques et de la ligne.

ÉVOLUTION DE LA MUSIQUE

EN TROIS PARTIES

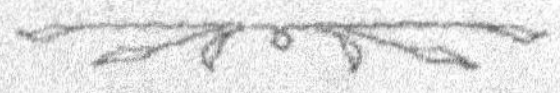

LYON
IMPRIMERIE EMMANUEL VITTE
Rue de la Quarantaine, 18.

1906

À mes Sœurs

Adélaïde Eugénie et Caroline

Recevez, ô mes sœurs, ce livre qui est bien vôtre. Témoin constant de vos vies si aimables, si nobles, si vertueuses, toutes cachées dans l'humilité, j'ai lu en elles le secret de cette Idéale Beauté, dont j'essaye de signaler ici les voies diverses suivant lesquelles ses effluves merveilleuses rayonnent des œuvres de Dieu, et de quelques-unes de celles de l'humanité.

À mon Maître

L'Abbé Noiret

PROLÉGOMÈNES

Théorie de la Périodicité.

La durée et l'étendue sont les deux aspects généraux, sous lesquels tous les êtres et tous les objets de ce monde s'offrent à nous dans le temps et dans l'espace.

On peut considérer tous les êtres de ce monde, soit au point de vue du temps ou de leur durée, soit au point de vue de l'espace ou de leur étendue. Aussi nous disons que la durée est la condition d'existence de l'Univers, et l'étendue celle de tout ce qui dans cet Univers s'adresse à la perception des sens. Par conséquent l'étendue et la durée nous apparaissent comme les champs où le monde subsiste, et à travers lesquels il accomplit les phases diverses de son évolution.

Ainsi rien de ce qui existe n'échappe à la durée, et rien de ce qui est matériel ne va sans l'étendue.

Jetons un coup d'œil rapide sur l'étendue et sur la durée.

Nous remarquons, en premier lieu, que chacun de ces termes implique une série régulière d'autres termes qu'il est bon de signaler. La série qui comprend la durée présente les termes : Eternité, temps, durée, moment, et la série où se trouve placée l'étendue offre ceux-ci : Immensité, espace, étendue, lieu, termes dont la correspondance et l'analogie nous semblent évidentes.

Nous ne dirons rien sur l'origine ni sur la nature de ces termes au point de vue métaphysique. Nous renvoyons aux traités de philosophie le lecteur qui voudrait s'éclairer sur ce sujet. Voici pourtant quelques observations qu'il nous paraît utile de formuler avant d'entrer en matière.

Ce qui frappe d'abord, c'est que l'homme change constamment de lieu et de moment. Il peut bien, il est vrai, sembler, d'une certaine manière, rester à la même place, quant à sa locomotion personnelle. Mais les astres, accomplissant leurs révolutions, l'emportent malgré lui à travers l'espace. Encore moins saurait-il s'immobiliser dans la durée. Le moment d'*à présent* n'est pas celui de *tout à l'heure*, et n'est pas non plus celui qui sera dans un instant. L'homme a le pouvoir de revenir sur ses pas ou de s'arrêter sur un point de l'étendue ; mais il n'a pas celui de s'arrêter en un point de la durée, ou de revenir en arrière du temps écoulé, sinon par la mémoire. La vie est composée d'une série de moments qui s'enchaînent inéluctablement, et cette série de successions et de moments forme ce qu'on appelle la durée ou le temps.

A ce point de vue, le temps est l'ensemble des durées successives qui composent notre existence.

Notons encore l'analogie entre les modes de la durée et ceux de l'étendue. Ainsi la durée dans le temps correspond dans l'étendue au corps ou solide, le moment correspond à la ligne, et la succession correspond au point. Cest-à-dire, la durée ou certaine unité temporaire est composée de moments, et les moments sont composés de successions, comme le solide est composé de lignes, et la ligne est composée de points. De même encore le moment est une projection ou progression de successions dans le temps, comme la ligne est une projection ou progression de points dans l'espace.

De même enfin, le solide est composé de trois dimensions, comme la durée est composée de trois éléments, ainsi que nous allons le voir.

La géométrie étudie l'étendue ou les solides, indépendamment des qualités concrètes qui les manifestent dans le monde physique. Nous commencerons par étudier la durée idéale, abstraction faite des phénomènes sensibles qui l'accompagnent.

La science, qui s'occupe de la durée, de ses éléments, de sa constitution, de ses lois, s'appelle la Rythmométrie, ou plus simplement la Rythmique. Ce sont les principes de la Rythmique que nous allons essayer d'établir.

ÉTENDUE ABSTRAITE. DURÉE ABSTRAITE.

Quand on cherche, par l'abstraction, la forme géométrique la plus simple, on trouve la ligne idéale, ou l'étendue indéfinie, sans hauteur, largeur ni profondeur. De même, quand il s'agit du temps, on rencontre la durée idéale, c'est-à-dire la durée sans détermination de moments.

Ainsi l'abstraction nous fait concevoir une étendue continue, indéterminée et une durée également continue, indéterminée.

Si en un tel ou tel point vous placez une limite à l'étendue et à la durée, vous déterminez immédiatement l'une et l'autre. Répétez la limite, vous pouvez mesurer l'étendue, nombrer la durée ; car la présence répétée de la limite engendre la figure et le rhythme. Les différentes manières d'être de l'étendue et de la durée, ainsi découpées par la limite, prennent le nom général de dessin, soit qu'il s'agisse des figures ou rhythmes formés dans le temps, soit qu'il s'agisse des figures proprement dites, formées dans l'espace.

On peut affirmer que la Géométrie et la Rythmique agissent sur la durée et sur l'étendue à l'imitation de l'emporte-pièce qui imprime sa forme par ses contours à la matière qu'il frappe ou découpe.

Ainsi la Géométrie s'occupe des formes abstraites de tout ce qui est visible, et la Rythmique traite de la figure abstraite de tout ce qui a mouvement et vie.

DE LA LIMITE ET DU NOMBRE.
EFFETS DE LA LIMITE.

Là où s'arrête la ligne, la durée; là où finit le mouvement, le son, le moment où l'élan retombe épuisé, là nous apparaît la limite. La limite est donc l'arrêt imposé à l'élan, soit dans le temps, soit dans l'espace. C'est en un point la rupture de la projection, ou la cessation de la progression. Le phénomène s'étend entre deux limites; il cesse à la limite même. Ainsi la limite est quelque chose de négatif en soi, tandis que le corps du phénomène qui persiste entre deux limites est quelque chose de positif.

L'existence dans le temps se composant d'une série de successions de durées, et ces durées pouvant être mesurées, parce qu'elles sont limitées, nous les envisagerons comme des grandeurs, et nous donnerons le nom de Nombre à ces mesures. Les nombres, dans ce sens, sont les étiquettes de ces grandeurs, les points de repère de leurs évolutions, ainsi que le ressort même de leur expression artistique.

DISTINCTION ET DIFFÉRENCE ENTRE LA LIMITE
ET LE NOMBRE.

La limite sert à distinguer, le nombre à mesurer.

Le nombre est plus complexe que la limite; il caractérise le mode même de la limite.

La limite est plus simple, et ne détermine que la succession de l'être et du non-être.

La limite ne renferme en soi aucune notion de grandeur ni de comparaison, tandis que le nombre est, à la fois l'expression et la mesure de l'élément successif dans la durée. Enfin, la limite n'est que la borne opposée à l'évolution de l'être relatif, le contour qui en arrête l'expansion, tandis que le nombre est la signification et la mesure même de ce contour.

Le successif se développe à proportion du degré d'organisation des êtres. Le minéral, entraîné comme masse par les mouvements de la durée générale, ne subit en ses éléments que les modifications résultant des effets de la cristallisation et de la pesanteur. Le végétal, par sa germination, son accroissement, sa vie végétative en un mot, nous montre les premiers exemples de développements périodiques et réguliers. Puis nous découvrons dans l'animal des mouvements beaucoup plus parfaits, plus libres, plus variés, plus nombreux en leur expansion ; à mesure qu'on s'élève dans l'échelle des êtres, on constate que ceux-ci participent de plus en plus par la vie aux évolutions successives de la durée, c'est-à-dire aux nombres. D'où l'on peut conclure que le nombre, au point de vue du temps, est l'expression des conditions essentielles de la vie et de ses manifestations. Nous emprunterons à la philosophie les remarques suivantes sur le rôle que la limite, considérée comme signe du non-être ou du négatif, joue vis-à-vis de l'être ou du positif.

Rapprochez la limite, vous diminuez l'être du positif. Au contraire, vous augmentez cet être si vous éloignez la limite. Enlevez par la pensée toute limite au temps, vous concevez l'Éternité et l'Immensité.

La limite s'entend aussi des faits moraux, qui ne dépendent ni des lois du temps, ni de celles de l'espace. Eloignez la limite de la bonté, de la générosité, de la justice, vous augmentez d'autant l'énergie de ces vertus. Supprimez-en la limite, vous concevez ces vertus parfaites.

Ceci nous conduit à rappeler qu'on établit en Théodicée que Dieu, c'est l'Etre possédant sans limites toutes les qualités que nous découvrons dans le positif. Voilà pourquoi nous disons que ses attributs sont l'éternité, l'immensité, l'aséité, la toute puissance, la souveraine bonté, etc. : et nous ajoutons que ces attributs divers se résument en un attribut suprême qui les renferme tous, et qui résulte de l'absence absolue de limites, attribut que l'on désigne sous le nom de Perfection.

Dieu, c'est la Perfection.

DU NOMBRE.

Nous venons de dire que le nombre est l'expression de la mesure des évolutions successives, qui sont les conditions essentielles de la Vie, au point de vue de sa prolation dans le temps. Nous empruntons la page suivante à la *Philosophie fondamentale* de Jacques Balmès, pour expliquer ce qu'est le nombre et comment fonctionne le mécanisme de ses combinaisons.

« L'unité est le premier élément du nombre, mais seule, l'unité ne constitue pas le nombre. Celui-ci n'est point l'unité, mais un ensemble d'unités. »

« Deux est un nombre, mais l'idée du nombre deux, quelle est-elle ?... Etre, distinction, ressemblance, voilà les idées comprises dans l'idée deux. Etre, car le néant échappe à la numération; distinction ou négation, l'identique ne fait pas nombre; ressemblance, l'on ne compte les objets qu'abstraction faite de leurs différences. Base de la perception, l'être; but de la comparaison, distinction; base de la réunion, ressemblances.

« La perception commence par l'unité, poursuit par la distinction, et achève par la ressemblance, sorte d'unité. La perception de cette ressemblance réunit ce qui est distinct. L'union n'est pas toujours dans les choses; il suffit qu'elle soit dans l'idée qui les comprend. Les pôles du monde sont deux, dira-t-on qu'ils sont unis? La simple perception des objets ne donne pas le nombre deux; il faut encore comparer ces objets et les réunir dans une idée commune. Donc, la perception exige comparaison et abstraction, et voilà pourquoi les animaux sont incapables de compter. Ils ne comparent ni ne généralisent.

« L'analyse de l'idée deux est l'analyse de tous les nombres; il n'y a de différence que du plus au moins; répétition des mêmes perceptions.

« Après avoir perçu ce qui distingue deux objets, et ce qui les unit, nous pouvons percevoir un objet nouveau qui ne soit ni l'un ni l'autre, et qui, toutefois, se trouve compris dans une idée commune ; c'est la perception ou l'idée de trois. Que l'on imagine tous les nombres possibles, l'analyse de ces nombres présentera toujours perception simultanée des objets, distinction, ressemblance. Les objets sont-ils déterminés, le nombre est concret, abstrait lorsqu'ils sont compris dans l'idée générale d'être (1). »

ÉLÉMENTS DE LA DURÉE (2)

1º Mode Passif.

Commencement, Milieu et Fin.

De même qu'il y a trois dimensions dans l'étendue : longueur, largeur, profondeur, de même il y a trois moments essentiels dans la durée : commencement, milieu et fin, trois aspects que l'abstraction peut séparer, mais qui sont indissolublement unis dans la réalité.

(1) Jacques BALMÈS, *Philosophie fondamentale*, page 399, tome II. « Génération de l'idée de nombre. »

(2) Le premier, nous signalons dans la durée la présence de trois moments essentiels qui correspondent rigoureusement dans l'étendue aux trois dimensions des solides.

Pas de solide sans longueur, largeur et profondeur.

Pas de moment sans commencement, milieu et fin.

Partant pas de prolation par la vie sans le concours de l'indissoluble trinité temporaire : élan, épanouissement, chute.

Il est impossible de trouver dans la réalité concrète une étendue ou un solide sans les trois dimensions. Il est également impossible de saisir une durée sans les trois moments dont nous parlons.

Toute durée doit ou a dû commencer, puisqu'elle n'est pas éternelle. Toute durée dure, c'est-à-dire fournit sa période de développement, quelque petite qu'on puisse la supposer. Enfin toute durée cesse ou cessera, puisqu'elle est limitée dans le temps.

Voici comment saint Augustin exprime cette idée : « Quelque brève que soit une syllabe, quand elle commence et quand elle finit, il y a un temps où elle commence et un temps où elle finit. Elle dure un petit intervalle de temps et s'étend par son milieu, quelque petit qu'il soit, entre son commencement et sa fin (1). »

2° Mode Actif de la Durée.

Élan, Épanouissement et Chute.

> Le monde subsiste *in facto.*
> Il se développe *in fieri.*

Quand on examine attentivement la durée, on voit que les trois éléments ou moments essentiels qui la composent, peuvent être envisagés sous deux points de vue différents : en fait et en acte. Considérés *in facto*, ces trois moments prennent le nom de commencement, milieu et fin, comme nous venons de le dire ; considérés *in fieri* (ou en acte), ils s'appellent élan, épanouissement et chute.

(1) Saint Augustin, *De musica*, livre II, paragraphe 20.

L'élan, l'épanouissement et la chute sont donc les trois modes actifs de la constitution des durées. La marche ou progression dans le temps par le successif, engendre nécessairement ces trois termes, parce qu'ils sont les trois phases essentielles, inhérentes à tout mouvement dans la durée. Tandis que le commencement, le milieu et la fin sont les modes passifs sous lesquels on envisage la durée inerte, *in facto*, c'est-à-dire, la durée privée d'une cause quelconque productive du mouvement.

Quand l'organisation apparaît avec le monde végétal, apparaît aussi le triple fonctionnement des modes actifs de la durée. La sève s'élance, s'épanouit et se retire, dans les mille faits qui composent les alternances de la vie végétative. Le successif, avons-nous dit, porte d'autant plus l'empreinte des trois moments des modes actifs de la durée, qu'il est plus engagé dans les manifestations de la vie.

Mais, c'est dans le règne animal que l'application des lois propres aux modes actifs de la durée reçoit son plus complet développement.

Ici, nous devons nous arrêter pour étudier un quatrième terme, que la présence de la vie introduit dans le jeu des successions de la durée dont nous venons de parler : car toutes les fois que la vie se montre à nous comme cause du mouvement engagé dans l'organisation, elle apporte certaines modifications à ces successions de la durée idéale, ainsi que nous allons le voir.

La racine du mouvement est l'impulsion. Celle-ci

engendre le mouvement, et le mouvement produit le déplacement ou la translation. Tout mouvement suppose donc : 1° Impulsion donnée ; 2° Impulsion reçue ou communiquée ; 3° Déplacement.

Mais l'impulsion n'est que la cause occasionnelle du mouvement. Quelle est la cause efficiente, productive de l'impulsion elle-même ?

Au sein du règne minéral, nous ne pouvons la voir ailleurs que dans les forces qui règlent la marche des astres, établissent l'équilibre dans le monde extérieur, et produisent les évolutions de tous les êtres physiques et de toutes les choses dont se compose l'univers. Ces forces sont appelées attraction, pesanteur, affinité, cohésion et vie. Nous ne nous en occuperons que pour chercher la manière dont elles donnent l'impulsion au mouvement, dont nous nous occupons.

Nous voyons d'abord que ces forces étant simples ne sont pas étendues. Elles sont donc spirituelles. Ici nous rencontrons, sans pouvoir le résoudre, le problème de savoir comment une force spirituelle peut agir sur un agent matériel. Après avoir constaté le fait, nous interrogeons les sciences cosmologiques, qui nous apprennent que l'action des forces dans la nature est constante et intermittente, constante dans l'attraction et la pesanteur, l'affinité et la cohésion, intermittente dans la vie qui produit les phénomènes de l'organisation.

C'est sous cette forme de la vie, que les causes libres et responsables de ce monde, c'est-à-dire les volontés humaines, produisent le mouvement. Nous rangeons donc la volonté humaine dans la catégorie des forces qui participent aux caractères de la vie, en réservant pour la suite de ces études, l'examen de l'allure particulière qu'une telle force peut imprimer au mouvement.

Examen du moment de repos intervenant dans la succession des modes actifs de la durée.

Jusqu'à présent, en examinant les modes actifs de la durée, nous avons supposé l'impulsion donnée par une force constante, et nous avons reconnu que les trois modes essentiels de cette durée sont l'élan, l'épanouissement et la chute.

Envisageons maintenant le cas où l'impulsion est communiquée par une force intermittente comme la vie.

Or l'alternance est la condition essentielle dans l'expansion de la vie.

A quelque point de vue que l'on se place, la vie apparaît sous deux modes distincts : 1° L'activité; 2° le repos, modes qui ne correspondent en aucune façon aux successions de l'être et du non-être qui se rencontrent dans la durée abstraite. Dans le repos, il n'y a pas cessation de la vie, comme dans le non-être il y a cessation de l'être.

Au sein du repos, qui n'est pas la mort, la vie se tient à l'état latent. Mais elle persiste sous sa forme passive, la passivité étant l'un des caractères d'une des phases constituant l'action d'une force intermittente.

Ainsi, la vie introduit un quatrième terme dans l'évolution des moments de la durée, parce que l'action de la vie est celle d'une force intermittente. Après la chute de l'élan, et avant la reprise, la vie entre dans une période neutre et passive, et s'y arrête un instant. C'est le repos. Il semblerait vraiment, à ce point de vue, que la vie est moins parfaite en soi que les forces sidérales et atomiques, puisqu'elle a besoin, pour s'exercer, d'un retour fréquent de repos, tandis que les autres forces agissent d'une manière constante dans les phénomènes qu'elles produisent.

Les faits de la durée, considérés en dehors des conditions de la vie, se présentent à nous comme engendrés par une force constante : le jour astronomique, l'année, le siècle, le cycle séculaire offrent une succession régulière de commencements, de milieux et de fins rigoureusement enchaînés ; on ne découvre jamais en eux une période appréciable de repos, avant la reprise de chaque commencement.

Mais dans le cadre immuable de la durée abstraite vient s'inscrire la série des moments fournis, à l'occurence, par les alternances de la vie avec les caractères qui leur sont propres. Par exemple, dans l'année astronomique, composée d'un nombre déterminé de jours formés de successions non soumises à la loi du repos, on voit se dérouler les divers phénomènes des saisons nés de la vie. Quand la nature a parcouru les trois phases du printemps, de l'été et de l'automne, l'hiver survient comme pour permettre à la sève de se reposer sous les frimas, afin de préparer en secret le retour et l'éclosion du renouveau.

L'évolution de la vie dans la nature, l'exercice de l'activité dans l'humanité sont donc soumis à la loi du successif périodique mêlé de repos, c'est-à-dire à l'intervention d'un quatrième moment qui a sa place nécessaire dans l'enchaînement de ces éléments de la périodicité. Ce moment est un temps régulier d'arrêt ou de repos, quelquefois assez long, comme dans les successions du jour et de la nuit, et dans l'intervention de l'hiver entre l'automne et le printemps.

Ce quatrième terme est absent de la succession des moments de la durée, lorsque l'on considère celle-ci dans l'intelligible, où l'on suppose une force constante de progression. C'est pourquoi on ne tient pas compte dans les arts de cette intermittence, de cette défaillance régulière du mouvement vital. On poursuit l'accouplement rythmique d'après les données idéales de la conception artistique, c'est-à-dire sans s'arrêter à la phase de repos, dont la vie imparfaite de la création semble avoir besoin pour retremper ses forces avant de recommencer l'effort.

La question du repos dans la périodicité des moments de la durée concrète, nous amène incidemment à jeter un coup d'œil sur un fait traditionnel qui joue un rôle important dans l'histoire : nous voulons parler de la semaine biblique, c'est-à-dire de ce groupe de six jours de travail suivi d'un jour de repos prescrit par la loi de Moïse.

Cette constitution de la semaine est vraiment digne

d'être étudiée, car elle se présente à nous absolument comme une formule rigoureuse de la loi de la vie imposée à l'humanité, mais réalisée librement par elle. Au fond, le respect de la loi du repos dans la semaine, n'est que l'observance stricte du mode d'action d'une force intermittente comme la vie.

En second lieu, les six premiers jours de la semaine, de quelque manière qu'on les considère, groupés par deux, ou groupés par trois, nous montrent constamment une ordonnance parfaite dans leur périodicité, puisqu'ils sont parfaitement égaux entre eux et que, d'après saint Augustin, l'égalité est la condition exquise des choses.

Enfin, le repos du septième jour, survenant après le groupement harmonieux des six premiers, correspond, dans la durée concrète, au repos périodique de la phase passive qu'engendre naturellement le mouvement intermittent de la vie, en toute périodicité où celle-ci intervint.

Donc, la libre observance de la loi du repos au bout de la semaine, nous paraît aussi obligatoire pour l'homme, qu'est inévitable le repos de l'élan se manifestant fatalement en un certain point de la durée, dans toute succession de faits provoqués par la vie.

PREMIÈRE PARTIE

Loi de l'Ordre.

Nous venons de reconnaître, de distinguer et de classer les divers éléments de la durée. Cherchons maintenant comment ils s'enchaînent au sein de la nature, et comment la libre activité de l'homme doit les grouper dans leurs évolutions : c'est-à-dire tâchons de découvrir la loi de succession des durées. En un mot, qu'est-ce que l'ordre et quels en sont les éléments.

L'idée de l'ordre ou du beau dans le multiple est une idée nécessaire, une idée première, un principe.

On en constate l'existence ; on ne peut ni la prouver ni la démontrer. Ce que l'on peut prouver ou démontrer à propos de l'ordre, c'est sa présence ou son absence dans telle manifestation de la vie ou de l'intelligence.

Tout arrangement suppose l'idée de l'ordre. Si la faculté du goût ne possédait pas cet impératif catégorique de l'ordre qui dicte ses jugements, l'arrangement ne serait pas.

Il y a bien des sortes d'arrangements, depuis celui que la main toute puissante du Créateur a imposé aux mondes évoluant dans l'empyrée, jusqu'à celui du jardinier qui aligne ses arbres, et dispose ses massifs.

Des éléments constitutifs de l'Ordre.

L'ordre préside au groupement des éléments divers qui concourent au mouvement, et s'entend de l'arrangement des êtres et des choses en général.

Voyez, sur le champ de manœuvre, ces soldats en bataille dont le bel ordre excite l'admiration.

Formés par pelotons, par compagnie, par bataillon, par régiment, par brigade, par division, ils présentent à l'œil des groupes régulièrement espacés. Interrogeons ces groupes, et apprenons d'eux pourquoi, disposés ainsi, ils éveillent excellemment en nous cette idée de l'ordre.

D'abord, chaque arme a son rang déterminé. Le cavalier n'est pas mêlé au fantassin, ni le fantassin à l'artilleur. Chaque corps figure une unité à part, et dans l'unité chaque fonction a sa place : ici le simple soldat, là l'officier. Nous pouvons dire qu'on a respecté la convenance, dans la constitution intime de ces groupes, car la raison ne nous dit-elle pas : chacun et chaque chose à sa place ? On aurait contrevenu certainement à la convenance, si l'on avait mêlé cavaliers et fantassins, civils et militaires.

Non seulement on s'est attaché à réunir en groupes spéciaux les soldats de la même arme ; mais on a

organisé les groupes de telle façon que les éléments
dont ils sont composés soient séparés par des intervalles qui en impliquent la destination et l'ordonnance. En agissant ainsi, on n'a fait que se soumettre
à une loi naturelle de proportion et de mesure qui
fixe strictement les rapports des groupes entre eux
et ménage leur exact arrangement.

Mais ces groupes qui éveillent en nous l'idée de convenance et l'idée de proportion, provoquent encore
l'idée d'unité.

Tout à l'heure, ils vont obéir à un seul commandement, ils évolueront comme un seul corps. En réalité, chacun d'eux est un organe de cet être collectif et
immense qu'on nomme une armée; chacun d'eux a
une fonction spéciale à y remplir, et l'ensemble de
toutes ces fonctions constitue le mouvement et la vie
du corps général.

Or, le spectacle de toutes ces forces individuelles
qui concourent à une action commune, sous l'impulsion d'un unique commandement, nous offre, nous
venons de le dire, l'idée de l'unité, qui appelle à elle,
comme à leur centre naturel toutes les activités individuelles de chaque corps. Et cette vie ordonnée en
l'unité, qu'est-ce autre chose que l'harmonie, et pouvons-nous concevoir l'harmonie ailleurs que dans cette
force attractive, faisant converger en un point central
les éléments et les élans épars de la diversité soigneusement choisis auparavant et judicieusement pondérés ?

Donc, pour concevoir l'idée fondamentale de l'ordre ou du beau dans le multiple, il faut l'éveil simultané dans l'esprit des trois idées concomitantes de Convenance, de Proportion et d'Harmonie. Ces idées, que nous découvrons dans l'intelligible, président à la manifestation sensible des phénomènes, soit de la durée, soit de l'étendue ; elles accompagnent leur réalisation en fait et déterminent leur réalisation en acte, toutes les fois que les lois productives de l'ordre et de la beauté sont rigoureusement observées.

CONVENANCE

Quid ? Quoi ?

> *Singula quæque locum teneant sor-*
> *tita decenter.*
> HORACE, *Art poétique.*
> Chacun et chaque chose à sa place.

Dans la création artistique, la première, la plus impérative des règles à observer, est évidemment celle-ci : que chacun des éléments employés convienne à la fin que se propose l'ouvrier.

Cette convenance (1) des matériaux avec le but assigné, doit s'appliquer aux plus minimes éléments comme aux plus vastes développements de l'œuvre artistique. Ainsi, par exemple, tout le monde est d'accord que, dans le discours, il importe de choisir le mot aussi judicieusement qu'on façonne la proposition, la phrase et la période, et qu'on applique le style exigé par le sujet. Nous trouvons là une convenance grammaticale, une convenance de rhétorique, une convenance littéraire, une convenance de

(1) La convenance renferme l'idée :
1° De substance, de matière, d'organe ;
2° De qualité, de choix, de sélection ;
3° De lieu, de place, de rang, de hiérarchie ;
4° De fonction, de mode, d'allure.

mots, de style et de genre, et dans tous les arts nous découvrons des convenances analogues.

D'après l'étymologie du mot convenance, l'élément artistique aussi bien que l'œuvre tout entière possède cette qualité, lorsqu'il remplit certaines conditions par sa matière, sa forme, sa place, sa fonction et son allure.

En vertu de cet axiome du sens commun, chacun et chaque chose à sa place, nous désignerons par convenance particulière le choix raisonnable des éléments de l'édifice artistique, et leurs justes rapports.

La convenance générale relèvera de la conception du plan de l'édifice envisagé dans sa nature, dans ses qualités, par rapport à sa fin, à son cadre, au milieu où il est placé.

Primitivement, les arts nés dans le temple, y restaient enfermés, ayant pour cadre de leurs évolutions l'enceinte même de l'édifice. L'effet de la statuaire, de la peinture, de la musique, de la danse et de la poésie, était réglé par la place et la fonction que ces arts occupaient au sein des cérémonies religieuses. Là, évidemment, les conditions normales de la convenance se trouvaient réalisées.

Peu à peu, chaque art s'individualisa et prit une existence indépendante du temple et des rites sacrés. Epanoui dans la pleine liberté de l'imagination, de ses architectes, de ses sculpteurs, de ses peintres et de ses poëtes, le siècle de Périclès offrit le spectacle de la plus merveilleuse efflorescence. Tant que le goût, avec la tradition des grandes écoles, conserva le sentiment de l'universel et du général, les arts restèrent fidèles à leur mission. Mais à mesure qu'on se mit à faire de l'art pour l'art, le champ de l'idéal se rétrécit. La fantaisie et le dilettantisme survenant, l'abus du procédé remplaça l'inspiration, et amena ces époques de décadence, que l'histoire a déjà plusieurs fois enregistrées.

L'ère des rhéteurs, ennemis de la naïveté et de la simplicité inhérentes à toute production vraiment géniale a, toujours et partout, engendré fatalement la ruine périodique de la perfection des manifestations artistiques.

Il y a fantaisie lorsque, de parti pris, on néglige une ou plusieurs convenances, soit naturelles, soit de tradition. C'est pour cela qu'il faut bien prendre garde de ne l'admettre qu'à titre de charmante mais dangereuse exception.

La fantaisie, dans ses mille transformations, produit toutes les formes de l'ironie; et se plie à leurs multiples expressions. Sous ce point de vue on ne saurait trop se garder de ses excès. Le sanctuaire des arts est un lieu où l'on sacrifie à la beauté, à l'ordre, à la pureté, à l'harmonie; ce n'est pas un temple obscène où l'on offre un culte bouffon à ce qui est bas, trivial et vulgaire. Le Dieu de l'artiste est un Dieu beau et non un Dieu difforme. Cachons la laideur qui nous choque et nous attriste, pour montrer la beauté qui rend l'âme joyeuse et le cœur bienveillant.

La convenance est appliquée par l'acte intellectuel qu'on appelle le choix. Choisir, c'est discerner entre plusieurs êtres, plusieurs choses, plusieurs formes, plusieurs mouvements, plusieurs qualités, celui ou celle dont on a besoin pour remplir le but proposé par rapport à la convenance. Le choix suppose la prévoyance proportionnelle et harmonieuse.

Le choix peut être bon, meilleur, très bon. Dans ce cas il revêt la qualité d'élégance. L'élégance est donc le choix excellent.

Ainsi, dans les divers degrés de sélection entre des formes ou des choses convenables, on peut choisir simplement celles qui le sont suffisamment, ou par une recherche plus attentive, celles qui le sont excellemment.

Ce même caractère de choix, d'élégance, est conféré à la proportion et à l'harmonie par un acte intellectuel analogue à celui qui le dépose dans la convenance.

Donc, le premier soin de l'ouvrier ou du critique, doit consister d'abord dans l'examen de l'œuvre artistique à faire ou à juger, sous le rapport de la convenance soit particulière, soit générale, en tant que substance ou matière, mode, qualité, choix, place, mouvement, allure et fonction.

Quid ?

PROPORTION

FORME. — MODALITÉ

Quot ? Quantum ?

Μηδὲν ἄγαν. Rien en trop. *Ne quid nimis.*

« La proportion (1) est le rapport des parties entre
elles et avec leur tout. On dit encore qu'elle est la
convenance que toutes sortes de choses ont les unes
avec les autres. »

Les idées de rapport, d'équilibre, de concordance,
de mesure, de quantité, font comprendre la proportion.

La justesse de la proportion dans l'emploi des éléments, décide souverainement de l'effet produit par
l'œuvre artistique. Manquer en un point à la rigueur
de la proportion, c'est briser le charme que l'intelligence est appelée à y goûter ; c'est introduire une dissonnance là où devait régner une sérénité parfaite.

(1) La proportion renferme les idées de :
1° Pondération, rapport, concours, concordance, symétrie,
   équilibre ;
2° Mesure, intensité, tempérament.
3° Elle apprécie la quantité ; elle trace et règle l'exacte distribution des forces, des formes, des mouvements, des grandeurs et des durées.

De même qu'il y a convenance de grammaire, de rhétorique et de genre dans le choix des éléments, de même il doit y avoir proportion dans la juxtaposition des matériaux envisagée sous le triple point de vue du cadre qui la circonscrit, du but qui l'inspire et de la fin qui l'emploie.

Dans cette disposition bien ordonnée des éléments artistiques, dans le jeu sévère de cette balance qui règle et détermine leur convenance au sein de leurs mouvements, nous reconnaissons un acte de goût mesurant, à dose égale, l'empreinte des idées constitutives de l'ordre : cet acte s'appelle la Pondération.

Réalisée dans une œuvre d'art, la pondération se manifeste par l'équilibre des forces esthétiques. La manifestation de cet équilibre prend le nom de proportion.

La pondération est donc un acte de l'intelligence dont la proportion est le résultat.

Cette appréciation stricte des effets du langage artistique, cette vigilance sévère sur l'épanouissement des forces individuelles, que l'artiste, le poète font entrer dans leur œuvre, c'est le goût porté à sa suprême puissance, c'est le sceau que le génie a le don de déposer excellemment dans ses créations. L'exubérance, la prédominance exclusive de telle ou telle qualité rompt le charme de l'unité, aussi bien que tout autre défaut de convenance. Quand le poète nous a dit :

> Cent fois sur le métier remettez votre ouvrage,

ne nous a-t-il pas invités à chercher avant tout cet

équilibre harmonieux des diverses parties de l'œuvre, ce concours de qualités exquises qui en fait un signe éloquent et complet?

Au sein des arts, on donne donc le nom de goût au sentiment inconscient, irréfléchi, mais très prépondérant des lois intimes du Beau que nous analysons ici, et que l'artiste applique spontanément. Pour la philosophie, le goût n'est pas autre chose que la Raison dictant ses lois imprescriptibles à l'entendement, et lui donnant la règle de ses expressions, comme elle lui donne celle de ses affirmations et celle de ses déterminations.

Le goût est perfectible non pas en soi, mais dans la manière dont on reçoit ses enseignements. On atrophie la faculté du goût, comme on obscurcit la lumière de la conscience. Le goût étant un juge intérieur des lois du beau, on entend sa voix d'autant mieux qu'on a bien appris à la consulter. Le goût se fausse, s'oblitère quand on prend pour jugement du goût une habitude, une mode, un instinct inférieur.

Puisque toute œuvre doit porter l'empreinte de la pondération qu'y dépose l'intelligence, il importe grandement de développer et d'affermir dans les facultés de l'artiste, par l'éducation et par l'instruction professionnelle, le jeu de l'équilibre et de la pondération. Et puisqu'il n'y a rien dans l'effet qui ne soit dans la cause, on ne saurait cultiver avec trop de soin cette noble faculté de l'imagination qui, déverse à travers le monde tant de signes tout puissants pour le beau ou pour le laid, pour le bien ou pour le mal, et dont il faut savoir pertinemment discerner les effets.

Les Grecs ont résumé les lois de la proportion en cette courte formule : μηδὲν ἄγαν, rien en trop, qui donne bien la note caractéristique du génie hellénique dans les arts.

De l'excès de la réglementation à la fin de la période classique est né le Romantisme, qui rejette tout principe de direction, et n'obéit qu'à la fantaisie. Au milieu de productions souvent informes, bizarres, incomplètes, et en dépit de cette prétention à l'indépendance absolue, le goût a continué de dicter ses arrêts aux meilleurs d'entre les poètes, les artistes, les peintres, les musiciens de cette école, car on ne peut se soustraire entièrement à la loi instinctive de la pondération, sans laquelle il n'est point d'œuvre achevée ni assez bien constituée pour vivre au-delà d'un succès éphémère. La force, l'éclat excessif, l'opulente exubérance de certaine qualité entraîneront, séduiront, captiveront même peut-être une génération, une époque. Mais il est facile de se convaincre en interrogeant l'histoire littéraire que la postérité donne l'immortalité aux œuvres seules qui sont marquées du sceau de la pondération.

SYMÉTRIE

A l'étude de la proportion se rattache celle de l'idée de symétrie, qui est dans les choses le résultat ou le rapport de leur claire et évidente convenance.

Le genre symétrique dans l'art est caractérisé par la répétition ou l'opposition d'entités, de formes, de mouvements semblables.

C'est en Grèce que la symétrie fait sa première apparition dans l'histoire. Au sein de tous les enchantements, des ordres de l'architecture, s'épanouissaient librement les chefs-d'œuvre de la peinture et de la sculpture, ainsi que les arts du son et du mouvement. Toutes ces manifestations de la beauté sereine s'unissaient en société harmonieuse avec sa littérature non moins merveilleuse que ses temples et que ses statues. Pendant deux siècles, le mode symétrique y brilla d'un si vif éclat que ses reflets illumiment encore les arts modernes. Les races latines, filles et héritières de l'esprit hellénique, en ont reçu le dépôt traditionnel, avec la mission de le cultiver, et, pour le plus grand bien de la civilisation, de le propager à travers le monde.

C'est là, ce nous semble, le rôle essentiel de ces races au sein de l'humanité : maintenir le culte de l'art idéal de l'Hellade, en conservant chez soi et en faisant rayonner au dehors, le respect et la pratique des formes pondérées. N'est-ce pas aussi, par ce fait, travailler à établir l'équilibre entre les facultés de l'entendement, partant entre les opérations spéculatives de l'esprit, et les formes expressives des arts !

D'OÙ VIENT LA SYMÉTRIE

ΣΥΝ ΜΕΤΡΙΑ

Le successif dans l'étendue, ou la diversité, décompose l'unité en une série de traits ou figures, comme le successif dans la durée décompose l'unité temporaire en une série de moments. Le retour des mêmes traits et celui des mêmes moments rythmiques, s'appellent symétrie et, plus particulièrement, périodicité dans le dernier cas.

L'effet de ces retours est comme la reconstitution du successif, c'est-à-dire le rétablissement par l'intégrité de l'unité atteinte et dispersée par la diversité.

Or, d'après quel principe s'opère cette reconstitution de la totalité par le successif?

D'après le principe de l'égalité.

Qu'est-ce que l'égalité?

C'est une qualité des éléments de la diversité dont on poursuit l'adéquation par la concordance et par la symétrie : c'est la qualité exquise des choses. Ecoutons saint Augustin : « Dans toutes les choses sensibles, il n'est rien qui ne nous plaise que par l'égalité et par la ressemblance. Là où règne l'égalité ou la ressemblance, là est l'harmonie, car rien n'est plus semblable ni plus égal que un et un (1). »

Arrêtons-nous un instant à l'examen de ces termes :

(1) Saint Augustin, *De Musicâ*, livre VI, parag. 47, page 8o.

égalité, intégrité, identité, qui vont se rencontrer fréquemment dans le courant de ces études.

L'Égalité est la perfection de la Diversité, comme l'Intégrité
est celle de l'Individualité.

L'égalité renferme l'idée de ressemblance. Il y a plusieurs degrés dans la ressemblance. La ressemblance parfaite implique seule l'égalité.

Deux chênes ont une ressemblance vague et générale, mais ils ne sont pas égaux. Deux glands de chêne ont une ressemblance plus précise, mais on ne peut pas dire encore qu'ils sont égaux. Deux angles droits, qui ont une ressemblance parfaite, sont dits égaux entre eux.

Dans l'égalité, il n'y a pas de degrés divers comme dans la ressemblance. L'égalité est un summum de qualités qu'on ne peut ni augmenter ni diminuer, sans détruire l'égalité elle-même. Deux droites étant égales, vous ne sauriez modifier en quelque manière l'une des deux, sans détruire immédiatement l'équilibre de l'égalité.

Puisque là où il y a égalité il y a ressemblance parfaite, un motif qui se répète en restant strictement le même est identique à lui-même, et donne l'idée parfaite de l'égalité. Seulement les parties dont il se compose, quand il est reconstitué périodiquement ou symétriquement, par cela même qu'elles sont auditibles ou visibles en des temps et en des lieux différents, ont bien chacune une existence distincte. Mais en supposant leur égalité, on trouve en elles leur parfaite ressemblance. Et l'on peut concevoir et dire en ce cas, que la parfaite ressemblance engendre l'identité sinon de substance, au moins d'apparence.

DE L'INTÉGRITÉ

L'intégrité s'entend des faits physiques et moraux qui renferment une idée de totalité.

On définit l'intégrité : « L'état d'une chose qui a toutes ses parties, et, par extension, l'état d'une chose saine et sans altération ».

L'intégrité signifie et constate la présence exacte et normale de la totalité dans l'être ou la chose, dans le mode, dans la quantité ou quotité, dans la qualité.

L'agroupement des parties constituant un tout prend le nom de totalité quand il éveille l'idée de la diversité ; il s'appelle plénitude quand il éveille l'idée de leur volume.

On pourrait ajouter, peut-être, pour mieux distinguer ces deux termes, que la totalité relève de l'ordre, tandis que la plénitude relève du type.

La totalité diffère de l'intégrité.

Dans l'intégrité, la totalité est exactement mesurée, ni en deçà, ni au delà. De plus, on se saurait toucher au mode ou à la qualité une fois déterminés. On peut modifier les éléments qui forment la totalité, sans que celle-ci cesse d'être la totalité. On ne saurait, sans la détruire, augmenter ou modifier l'intégrité.

L'intégrité est une somme qui ne se décompose
pas et qui, en soi, ne va pas sujette à ce qui est passager et successif. On ne peut que la supposer parfaite, sinon, elle n'existe pas.

Un homme, qui a tous ses membres, en possède la
totalité. Mais cette totalité comprend, peut-être, sans
cesser d'être la totalité, des membres malades, dif-
formes ou paralysés. On ne pourrait conclure de la
totalité de ces membres à leur intégrité ; car l'idée
d'intégrité est inséparable de l'idée concomitante d'état
sain d'équilibre parfait. En latin, le mot *integer*
s'entend de la bonne santé du corps, du fonctionnement régulier des organes, conformément à la fin particulière de chacun d'eux et à la fin générale de l'organisme tout entier.

Nous dirons donc, en thèse générale, que l'intégrité
est signifiée par l'absence, le manque de tout défaut,
de toute lacune dans la totalité, partant qu'elle est
fille de l'observance rigoureuse et du respect absolu
de la plénitude dans la totalité. Par conséquent, l'intégrité est l'état parfait de la totalité et de la plénitude,
au point de vue de l'agencement, de l'ordre et de la
figuration du type ; en un mot, l'intégrité est la constatation et la manifestation adéquate de l'idée absolue
de perfection dans l'individualité.

L'intégrité s'entend aussi des faits moraux, et présente, dans ce cas, les mêmes caractères que ceux
indiqués plus haut. L'intégrité de la conscience, c'est
la totalité des vertus qui doivent la composer. Un
caractère intègre est synonyme de caractère qui ne se

laisse pas entamer. L'intégrité de l'histoire est sa conformité absolue avec les faits qu'elle doit relater.

Les forces de la nature agissent toujours en conformité rigoureuse avec cette loi de l'intégrité, parce qu'elles opèrent sans manquer d'obéir un seul instant à la souveraine sagesse. Mais lorsqu'une cause libre intervient dans la production des faits de l'étendue et de la durée, par cela même qu'elle est libre, et faillible, elle peut enfreindre les prescriptions de cette loi de l'intégrité. Ainsi, par exemple, dans un cas, telle dimension manquera de proportion avec les autres dimensions, et dans un autre, tel mouvement sera allongé ou raccourci contrairement aux lois qui règlent les rapports des mouvements entre eux. Ce qui nous amène à conclure que l'intégrité des faits matériels, intellectuels et moraux résulte d'une certaine mesure quantitative et qualitative.

Rien en deçà, rien au delà. Si vous accomplissez toutes les prescriptions de la justice, vous avez réalisé toute la justice; vous ne pouvez rien y ajouter. Si vous avez réussi à observer toutes les conditions graphiques exigées pour tracer régulièrement un cercle, vous ne pouvez rien faire de plus pour la perfection de ce cercle.

Ceci nous fait bien saisir le rôle précis de la proportion dans l'agencement des durées et des grandeurs en général, et dans la pratique des vertus qui constituent le bagage méritant de l'âme responsable. Et nous comprenons alors les fonctions de ces exactes limites, qui déterminent l'enfantement de la justice dans l'ordre moral et celui de la justesse dans l'ordre intellectuel et artistique.

La manifestation de l'intégrité du signe artistique prend quelquefois le nom d'eurythmie.

IDENTITÉ

L'idée d'identité exclut celle de diversité ou distinction. « L'identique ne fait pas nombre. » (Jacques BALMÈS, *Philosophie fondamentale*, t. II, p. 399.)

Cette idée caractérise ou la substance, ou le mode, ou la qualité, ou la forme, ou le mouvement de l'unité ou totalité. L'observation interne et l'observation externe montrent toutes deux que l'identité des phénomènes trahit toujours l'unité, ou l'identité de la cause qui la produit. D'où nous conclurons que l'identité est le mode essentiel de l'unité, comme l'égalité et l'intégrité sont les modes primordiaux et typiques de la diversité et de l'individualité marchant à l'unité qui est leur fin.

OÙ LA PENSÉE DÉCOUVRE LA SYMÉTRIE DANS LA NATURE

Au premier chef, les corps célestes nous révèlent l'idée de symétrie, dans la périodicité des faits qui engendrent l'évolution toujours identique des siècles, des années, des mois, des jours et des saisons. L'irréfutable manifestation de la loi de la périodicité apparaît clairement dans l'économie des retours suivant lesquels s'accomplit le mouvement sidéral. La loi de la proportion ne ressort pas moins évidente, puisque la pondération s'établit par le rapport des masses entre elles. Il est inutile de rappeler le spectacle de l'harmonie qui en est la conséquence, parce que cette harmonie est si visiblement écrite dans l'espace, qu'il est impossible à l'œil et à l'intelligence de ne pas en saisir l'imposante majesté.

Les phénomènes de l'attraction réglant l'évolution des astres, nous découvrent donc dans cette poussière colossale de mondes dont est semé le firmament, le plus merveilleux spectacle de la symétrie que notre esprit puisse concevoir.

En dehors de ces grandes lois cosmiques déterminant la révolution des jours, des mois, des années et des siècles, la périodicité régulière ou la symétrie paraît manquer, au premier abord, dans les spectacles que nous offre le monde minéral, où ne s'y montre qu'accidentellement et à l'état rudimentaire. Si donc on rencontre çà et là quelque intention de symétrie, il faut bien le dire, la forme en est fruste et peu régulière. Mais lorsque on étudie la marche et les développements de l'organisation, on voit bien vite que la nature s'essaie dans ces ébauches de symétrie, et qu'à chaque pas en avant, elle s'efforce d'en réaliser une empreinte de moins en moins imparfaite.

La symétrie est peu abondante encore dans le règne végétal. Quand on y découvre ses traces, on constate qu'elle y est privée de certaines de ses qualités essentielles. Dans cet état inférieur, elle prend le nom de concordance. On distingue mieux les traces de la symétrie dans les parties les plus excellentes qui sont comme le but et le couronnement des évolutions de la sève, nous voulons parler des fleurs et des fruits. Mais on ne rencontre jamais la symétrie parfaite dans l'aspect de la plante elle-même. Aussi, l'égalité existe réalisée assez exactement dans certains végétaux, mais ces diversités bien ordonnées ne revêtent jamais un caractère général d'ensemble. Par exemple, la fleur dont les pétales sont ordonnés d'après l'égalité, n'est engagée ni par sa tige, ni par les végétaux qui l'environnent dans un cadre perspectif engendrant la symétrie proprement dite.

L'égalité, par la dualité symétrique des membres et des fonctions, apparaît dans le règne animal avec les premiers poissons fossiles. A partir de ce moment, elle ne cesse d'établir progressivement son accord dans tous les êtres, en suivant les séries ascendantes ordonnées par l'organisation. Chaque fois que celle-ci se perfectionne, elle fait un pas vers la symétrie, jusqu'à ce qu'elle en atteigne la réalisation complète en arrivant à l'homme doué de l'égalité harmonieuse des membres et des organes, offrant en cela la plus admirable manifestation de l'idée de parfaite symétrie.

Voici comment saint Augustin dépeint cette beauté symétrique dont le corps de l'homme offre l'image :

« La beauté plaît par le nombre et nous avons montré qu'on y cherche l'égalité. On la trouve non pas seulement dans la beauté qui s'adresse aux oreilles, et qui réside dans le mouvement des corps, mais aussi dans les formes visibles auxquelles l'usage donne plus particulièrement le nom de beauté. Penses-tu dans ce dernier cas que la beauté soit autre chose que l'égalité harmonieuse de deux membres semblables se correspondant également, tandis que les membres qui sont uniques occupent une certaine place médiane où, des deux côtés, des distances égales sont observées (1).

Tel est à peu près, dans un résumé rapide, ce que nous apprend sur la symétrie le spectacle de l'univers. Voici, selon nous, comment il faut classer ces faits, et quelles sont les conclusions qu'il convient de tirer de leur observation.

(1) Saint Augustin, *De Musica*, livre VIe, parag. 38.

INDIFFÉRENCE, CONCORDANCE
SYMÉTRIE

INDIFFÉRENCE — CONCOURS

La diversité, pour former les corps ou entités, apporte son concours dans le règne minéral, et sa concordance dans le règne végétal.

Le monde minéral obéit aux lois de la cristallisation dans ses parties intimes, et à celles de la pondération proprement dite, dans ses masses ou ses agrégations de corps.

Considéré en dehors du groupement premier de ses molécules et de l'équilibre céleste de ses grands corps, on peut dire que le monde minéral, sous le point de vue perspectif, orographique et pittoresque, n'a point de formes rigoureuses. Il est dans l'indifférence, et cette indifférence ou absence de sollicitation vers telle ou telle forme visible ou orographique, est un des caractères esthétiques de ce monde.

L'état des minéraux n'est ni la confusion, ni le chaos. Ils gisent dans l'inertie, sans réagir, constitués, mais non organisés, tels que l'attraction, l'affinité et la cohésion les ont sommairement façonnés. Ils semblent vraiment offrir l'image d'un immense chantier, où des matériaux épars, d'essences et de propriétés convenables pour tous les usages adventifs, sont offerts aux élaborations de la vie, et déposés là avec soin, mais sans organisation, sans ordonnance rigoureuse qui assigne à leur généralité telle forme, telle fonction particulières.

Ainsi, les éléments minéraux, inertes et passifs en soi, fournissent leur concours à la forme, à la figure, à l'agroupement, non par eux-mêmes, mais par l'action des lois qui les régissent. Le concours est donc le mode d'agrégation des minéraux, comme la concordance sera celui des végétaux. Nous dirons encore que la constitution est la manière d'être essentielle des minéraux, comme nous allons voir que l'organisation est celle des végétaux.

<hr>

CONCORDANCE — ACCORD

<hr>

Lorsque la vie apparaît dans ses premières manifestations au sein du règne végétal, l'organisation s'empare immédiatement des êtres, et leur donne une forme constante, une place, un rang, une fonction déterminée.

La loi de la vie végétative, sous laquelle se présentent à nous les éléments combinés du règne végétal, s'appelle la concordance, et cette loi de la concordance joue dans ce règne, le même rôle que la symétrie joue dans le règne animal.

Concordance veut dire : aller de cœur avec, aller d'intention ensemble.

La concordance est une qualité de la proportion, un acheminement vers la symétrie.

Nous découvrons dans la concordance la réalisation de l'égalité, par les fonctions et par les modes de la vie végétative. En outre de la réalisation de ces deux qualités, égalités de fonction et de mode, la symétrie comprend la réalisation de l'égalité de place et celle de l'égalité de forme ou figure. C'est le manque d'égalité de place et de figure qui fixe la différence entre la concordance et la symétrie.

La concordance est donc une tentative encore un peu rudimentaire de la réalisation de l'égalité, et nous la définirons en disant, qu'embryon de l'égalité, elle est la première étape de la vie vers l'unité.

Les végétaux, empruntant leurs éléments aux minéraux, sont soumis par ceux-ci aux lois de l'affinité, de la cohésion et de la pesanteur. Mais en plus, ils subissent les lois que leur impose la vie par la concordance, comme nous venons de le dire.

Le caractère de beauté inhérent aux manifestations de la vie végétative dans la nature, prend le nom de pittoresque. Ce nom est donné exclusivement aux faits de cette vie végétative et ne s'emploie jamais pour désigner ceux de la vie animale. Mais souvent le pittoresque sert de cadre aux évolutions de ceux-ci, et la scène générale prend alors légitimement le nom de pittoresque.

Il y a pittoresque toutes les fois que les éléments

du paysage forment un ensemble harmonieux en
réalisant les lois de la concordance.

Cette chaumière délabrée est pittoresque, parce
qu'à demi cachée sous le feuillage du vallon, elle présente un aspect rustique dans ses formes dépourvues
de symétrie, mais s'accordant comme lignes, comme
teintes, comme motifs avec la nature agreste qui
l'environne. Une maison symétriquement construite
trancherait avec l'aspect de ce paysage, parce que
la concordance seule règne en celui-ci et que la
symétrie rigoureuse en est absente. Pour faire con-
corder cette maison symétrique avec ce qui l'entoure,
il faudrait y tracer des lignes de pure symétrie, ou,
renversant les termes, conserver l'aspect premier du
paysage et donner à la maison la tournure d'un chalet
ou de tout autre construction rustique.

D'où nous pouvons conclure que l'emploi de la ligne
abstraite et symétrique devient un obstacle au pittoresque du paysage, qui est composé exclusivement de
lignes concrètes non symétriques, dont la concordance seule établit l'ordonnance.

THÉORIE DE LA SYMÉTRIE — FUSION

De l'égalité et de la ressemblance dans la symétrie.

Nous avons dit que l'acte du goût, qui mesure à
égale dose l'empreinte des idées constitutives de l'ordre dans l'œuvre d'art, s'appelle pondération, et que la

pondération manifeste l'équilibre des forces esthétiques sous le nom de proportion.

La symétrie, relevant de la proportion, comprend cette idée d'équilibre dans les forces, qui correspond à celle de ressemblance dans les formes considérées soit dans la durée, soit dans l'étendue.

L'équilibre d'un corps est le résultat de l'égalité des énergies qui le sollicitent en sens opposé.

La ressemblance est le résultat de l'égalité des traits, des mouvements, des qualités sous lesquels nous concevons deux ou plusieurs êtres, deux ou plusieurs manières d'être.

Pour prendre un exemple de la symétrie, nous dirons que trois droites d'égale grandeur sont symétriques, quand elles sont à égale distance les unes des autres.

Symétrie imparfaite. — Symétrie parfaite.

Sous ce porche antique, voyez ces deux colonnes un peu frustes qui, soutiennent la voussure du portail.

Elles sont symétriques par la fonction, par la place, par le mode et par la dimension. Regardons-les de plus près : la qualité et la couleur de la matière des colonnes sont différentes, les chapiteaux ne sont pas semblables, le motif du fût n'est pas le même, en un mot, il n'y a pas égalité ou similitude absolue de formes. La diversité, dans son mouvement vers l'unité, réalise ici incomplètement l'égalité par la symétrie.

Dans ce cas, la symétrie est imparfaite.

Voici la colonnade d'un temple grec, avec ses fûts, ses socles, ses chapiteaux, ses métopes, ses ornements, absolument semblables. Par la place, la fonction, le mode, la figure, les parties similaires offrent l'image parfaite de l'égalité, tandis qu'une mesure commune relie les groupes divers de motifs dont la fusion intime compose la symétrie parfaite.

Dans le langage courant, on désigne le plus souvent par l'expression générale de symétrie les agroupements qui, au fond, ne relèvent que de la symétrie imparfaite.

La symétrie parfaite réside donc dans l'exacte similitude des parties entre elles, et dans une mesure commune entre ces parties que la diversité, par la répétition, fait converger en l'unité.

Dans le règne végétal, l'alternance de certains organes, feuilles, fleurs ou fruits, donne bien une impression vague de symétrie. Mais celle-ci ne devient vraiment rigoureuse que dans le règne animal. On dirait même que la concordance a horreur des formes rigoureuses, au moins dans les effets d'ensemble.

De la vie végétative et de la vie animale au point de vue de la périodicité.

Cherchons maintenant les effets que la périodicité des moments de la vie peut exercer sur l'ordonnancement de la diversité des phénomènes.

La vie végétative nous semble plus spontanée que la vie animale. Elle révèle une puissance plus énergique, plus alerte, plus expansive même, soit dans la multiplicité de ses produits, soit dans leur grandeur intrinsèque. On dirait que moins précieuse que la vie animale, la vie végétative ne s'économise, ni ne se réserve, tandis que la première se dépense moins. L'observation nous fait voir partout que, plus la nature montre de soins et de peine dans ses œuvres, moins elle les prodigue.

La période de l'élan, que représente le départ de la vie végétative au seuil de l'organisation, a pour loi de l'ordre la concordance.

La force de la vie, au début, toute occupée de la vigueur de son essor, ne fait pas montre des qualités qu'elle possédera plus tard. Elle a comme hâte d'arriver à son terme, qui est l'épanouissement. Et nous dirons avec raison que l'ordonnance concordante, plus simple mais moins parfaite que la symétrie, est la loi du paraître de la vie végétative.

Le mode de l'épanouissement nous semble plus perfectionné. Cette force qui s'élabore, s'étend, s'irradie et s'épanouit, affecte la forme symétrique. Elle produit une réalisation plus achevée de l'égalité. On dirait qu'elle prend en cela un soin plus délicat et plus raffiné de l'ordre et de ses conditions d'existence.

Faut-il conclure de là à une hiérarchie d'excellence dans les manifestations de l'ordre par la diversité ? Nous n'hésitons pas à répondre affirmativement, parce que cette hiérarchie d'excellence existe dans les substances organisées, d'après cette parole singulièrement expressive de saint Augustin :

« L'âme même d'une mouche est supérieure au soleil (1) ».

DE L'ANALOGIE

Le mouvement qui ramène incessamment l'effort à son point de départ, la répétition qui reproduit le motif, obéissent à la loi générale que les Grecs désignaient sous le nom d'analogie.

L'analogie implique l'idée un peu vague d'intention, de conformité et de similitude, de rapport et de proportion. Mais elle ne distingue ni la grandeur ni le rang, ni la fonction ni le mode. C'est une expression élastique signifiant tendance à l'égalité, sans en préciser le mouvement.

Evidemment l'analogie relève de la convenance, de la proportion et de l'harmonie. Sous ce point de vue le choix dans le concours peut être suffisant, meilleur, excellent.

L'étude de l'analogie comprend donc celle des trois modes de la réalisation de l'Ordre par la vie que nous analysons en ce moment, et que nous résumerons ainsi :

1° La concordance témoigne du mouvement de la diversité vers l'unité par la fonction et par le mode, sans notion bien arrêtée de rang, de grandeur, ni de type.

(1) Saint Augustin. *De duabus animabus*, chap. IV.

2° La symétrie imparfaite, avec toutes les qualités de la concordance, est caractérisée surtout par l'égalité dans le rang et dans l'ajustement des parties, d'autres ressemblances restant incomplètement réalisées.

3° La symétrie parfaite procède par l'équiressemblance de tous les traits et de tous les mouvements.

De la symétrie dans les arts et dans la civilisation de la Grèce.

Jusqu'au peuple grec, l'humanité n'avait pas eu la claire vision de cet attribut éminent des êtres et des choses qu'on nomme la symétrie. A cette petite peuplade de l'Hellade était réservé l'honneur de concevoir et de réaliser cette forme de l'ordre symétrique dans ses plus exquises proportions.

Qu'il se nomme Homère, Sophocle, Phidias, Ictinus ou Polyclète, qu'il soit poëte, architecte, peintre ou sculpteur, l'artiste grec s'éprend d'une forme belle, l'abstrait, la réalise et la rend vivante, en lui conférant par son génie toutes les qualités du type. Plein d'admiration pour son œuvre, il l'engage dans l'ordre, la reproduit, la répète comme pour augmenter ses qualités en répétant ses charmes et ses effets, semblant en cela ne pouvoir assez contempler les reflets de cette beauté radieuse dont il est parvenu à fixer quelque image dans la matière périssable. Mais pour mieux exprimer toutes les effluves de son enthousiasme, il ne lui suffit plus de la symétrie, de ce type présenté un certain nombre de fois suivant les lois de la périodicité. Au sein de la grâce familière à cette race éprise d'idéal, l'art grec, pour donner plus de vie à la symétrie, l'introduit dans ses modes et ses styles tout illuminés des splendeurs de l'ordre, au sein des traits éclatants de la beauté. Et dans ces modes et ces moules fixes, régulateurs des formules à découvrir par l'artiste pour exprimer cette divine beauté, les effets de la symétrie, calculés et pondérés avec la plus judicieuse rigueur, mettent à la disposition de l'imagination poétique, des éléments concomitants de proportion, tout préparés pour conduire sûrement à cette perfection des arts qu'on appelle du doux nom d'eurythmie.

Par l'emploi du mode symétrique, l'homme dépose dans ses créations artistiques une ordonnance facilement perceptible et à la portée du développement actuel de son intelligence. Il se crée un κόσμος à sa taille, un petit monde dont il embrasse à la fois l'ensemble et les détails, et où il perçoit nettement l'application des lois de l'ordre. Les artistes grecs appliquèrent toujours ce procédé à la genèse de leurs œuvres. C'est ainsi qu'ils frayèrent cette voie noble et glorieuse où s'engagent avec succès ceux qui, respectueux des lois essentielles de l'égalité, marchent sur leurs traces à la recherche de la forme et à la poursuite de l'idéale beauté que l'art grec a si merveilleusement réalisée.

Les chefs-d'œuvre du siècle de Périclès sont devenus les modèles éternels où la Muse va puiser ses meilleurs enseignements, pour susciter l'émoi sacré dans l'âme de l'artiste, et illuminer son imagination.

C'est là qu'il apprendra le mieux à forger ces armes
de demi-dieu, dont il armera son bras pour lutter
avec l'ange de l'inspiration. C'est là qu'il trouvera le
secret de vaincre la matière rebelle et de la forcer à
transfigurer ses éléments grossiers en radieux symboles. Et c'est avec ces signes éloquents, aptes à traduire les élans de son cœur et les extases de son imagination, qu'il parviendra à revêtir l'immatérielle et
céleste poésie d'accents, de formes, de mouvements,
de traits et de couleurs.

LA DIVERSITÉ DANS L'UNITÉ
FORMULE DU MONDE
MODE DE CRÉATION DU TOUT-PUISSANT

Examinons encore cette merveilleuse égalité, base
de la symétrie non moins merveilleuse.

Lorsqu'on la conçoit dans l'intelligible, on y découvre tous les caractères de la perfection absolue. Rien
n'est plus semblable que un et un, a dit saint Augustin. Les données idéales de la géométrie, les calculs
des nombres impliquent cette égalité.

Mais saint Augustin fait remarquer que cette perfection dans l'égalité qui existe en Dieu, dans le monde
des idées, n'existe pas dans la réalité, où les êtres et
les phénomènes relevant de la vie, privés des qualités de l'Etre absolu, présentent forcément quelque
manque, quelque imperfection dans les réalisations
de l'égalité par la diversité.

Cette absence de conformité rigoureuse entre. les traits qui tendent à l'unité, pour engendrer l'individualité ou la personnalité, n'est nullement un obstacle à l'harmonie de l'univers. C'est une manière d'être particulière aux faits issus de la vie, tandis que ceux qui découlent des grandes lois cosmiques, par exemple, manifestent une perfection absolue dans les adéquations de l'égalité.

Jetons un coup d'œil sur ce qui nous entoure.

Suivant Leibnitz, Dieu ne fait pas deux choses absolument semblables, parce qu'il ne crée rien en vain. Aussi le monde présente-t-il le spectacle de la diversité la plus complète. On ne saurait y découvrir deux individus, deux feuilles deux brins d'herbe strictement semblables; les formes de l'espèce, du genre, de la famille, y persistent rigoureusement avec une très grande ressemblance, et chacune d'elles conserve pourtant son individualité au sein de la plus merveilleuse variété. Nous ne pouvons moins faire que de voir là un signe éloquent de l'inépuisable fécondité de leur Auteur. Dieu fait épanouir la diversité de toutes choses au sein des lois absolues qui sont l'expression de sa volonté. Sa toute-puissance éclate dans la multiplicité toujours nouvelle des phénomènes et des êtres marqués au sceau de l'individualité, comme elle se lit dans l'ordonnance admirable et constante suivant laquelle se développent sous nos yeux, dans les splendeurs du firmament et dans tout l'univers, les manifestations incessantes de son Energie, de son Verbe et de son Amour.

Évidemment tel ne pourrait faire l'homme créant l'œuvre d'art.

Ce serait caresser une chimère orgueilleuse et vaine que de croire l'artiste appelé à procéder dans les arts comme Dieu agit dans la nature. Car rien n'est moins semblable que ces deux facteurs : Dieu souverain créateur et ordonnateur providentiel de l'univers, et l'artiste confiné sur un point presque imperceptible de ce monde, et ne possédant que la faculté d'ordonnancer quelques signes. Remarquons-le bien, l'homme n'est pas un créateur de signes, il n'en est qu'un arrangeur, maître seulement de choisir leurs éléments dans tel ou tel règne, et de les ordonner de telle ou telle manière. Privilège, au demeurant, qui n'est pas minime, puisqu'en donnant un corps à la pensée, il est la cause de tout développement individuel et social dans l'humanité.

Borné en puissance, en science, en inspiration, limité par le temps et l'espace, n'ayant à son service que des matériaux caducs et fragiles, l'homme doué d'intelligence et de volonté peut, quand il agit en vue de manifester la force et la puissance, tendre plus spécialement à l'expression de la multiplicité, et quand il agit en vue de manifester la grâce, choisir dans les modes de l'ordre ceux qui le caractérisent avec plus de perfection. Mais, au fond des plus sublimes tentatives pour représenter l'idéal, l'artiste n'arrive jamais à composer son œuvre qu'avec un assez petit nombre de signes mis à la portée de son corps et proportionnés à la vigueur de son intelligence. Qu'est-ce bien que

cette œuvre fragile et inégale de l'homme, même la
plus admirable, à côté de l'immensité, de la grandeur
et de la puissance des traits de l'univers, et de leur
perpétuité dans l'enchaînement incalculable des siècles !

Il est plus facile à l'homme de réaliser l'image de
l'ordre que celle de la vie. Dans celle-ci, à cause de
la multiplicité des signes et de leur arrangement, on
risque d'offusquer l'entendement par la surabondance
d'impressions excessives. C'est donc le mode de la
symétrie qui semble le mieux approprié à l'exercice
des facultés de son imagination, le but de l'art n'étant
pas de troubler, mais de solliciter l'attention, afin de
faire briller dans l'âme rafraîchie, et momentanément
dégagée de la tyrannie des sens, le cortège de la joie,
du contentement et de la paix.

C'est probablement, dans ce sens, qu'Aristote enseignait que la musique purge les passions de l'âme.

HARMONIE

MOUVEMENT — VIE

Quomodo?

Le monde a été fait avec poids,
nombre et mesure.

L'ajustement de toutes les parties en vue de constituer un tout, c'est l'harmonie (1).

Que faut-il par exemple pour fabriquer une échelle? Choisir d'abord le bois des montants et des échelons suivant une certaine convenance, mesurer la longueur et l'épaisseur des premiers, les façonner semblables, et agir de même à l'égard des échelons.

Voici à terre, épars devant vous, judicieusement préparés et mesurés, les matériaux d'une échelle. Que leur manque-t-il pour être une échelle? L'ajustement.

(1) L'harmonie renferme les idées :

De juxtaposition, d'ajustement, de manière d'être, d'arrangement, d'ordonnancement;

De lien, d'union;

De but, de fin, de résultat d'ensemble, de tendance commune dans la mise en œuvre d'éléments judicieusement choisis et pondérés;

De concert et de concours.

C'est le plan dressé et exécuté.

C'est le mouvement, dans la diversité, qui emporte sur les ailes de la vie, la qualité et la quantité vers la perfection.

cette opération finale qui ramène la diversité à l'unité, qui agrège les membres dispersés d'un corps quelconque, en établit l'individualité, en fait une chose complète, conforme à l'idée, au plan conçu de cette chose.

Ainsi, l'harmonie, fixant la place des éléments convenablement choisis, rigoureusement proportionnés, c'est la mise en œuvre et l'application rationnelle des procédés de l'agroupement, d'après un des trois modes dont nous venons d'exposer le mécanisme.

Arrêtons-nous devant la colonnade que l'architecte fait élever sur la façade de ce monument. Supposons chaque colonne parfaite en soi et de proportion exactement déterminée pour un bel effet d'ensemble.

Il importe, en les dressant, de leur assigner une place telle que leur agrégation produise l'harmonie. Si les colonnes sont trop espacées ou ne le sont pas assez, si elles semblent ne pas être reliées entre elles de manière à faire sentir gracieusement le mouvement d'ensemble du motif architectural, quelque belles, quelque élégamment façonnées qu'elles soient individuellement, elles ne sauraient par ce groupement défectueux réaliser l'image de l'harmonie, et l'effet qu'on attend n'est pas obtenu.

Comme le choix préside à la convenance, la pondération à la proportion, de même l'arrangement enfantant l'harmonie est l'acte qui fait converger vers l'unité, en vue de former l'individualité, les éléments divers mis à la disposition de l'artiste par la convenance et par la proportion.

De même encore que pour la convenance et pour la proportion, le choix dicté par le goût peut s'arrêter sur une harmonie, suffisante, meilleure, excellente.

La diversité n'existe que pour constituer l'individualité, but de l'être, par les lois de l'organisation de la pondération et de la cohésion. C'est dans ce groupement du multiple par l'harmonie que nous découvrons la raison de ce monde, son mode et sa condition d'existence. Supprimez ces lois générales de l'attraction et de l'organisation agissant partout avec harmonie, et le monde rentre dans le chaos. Tout s'élance vers l'individualité, tout y converge, par l'harmonie d'après la loi du type et la loi de l'ordre. C'est la vie bien ordonnée de ces individualités harmonieusement groupées, qui forme l'univers et son concert magnifique.

Que l'univers soit harmonie, comme son nom l'indique, il n'est pas besoin de longs raisonnements pour s'en convaincre. Écoutons saint Augustin :

« La révolution du ciel qui revient au même point, et y ramène les corps célestes, obéit aux lois de l'égalité, de l'unité, de l'arrangement, par la succession des jours, des mois, des années, des lustres et des autres révolutions sidérales. Ainsi, les êtres terrestres soumis au monde divin, engagent les révolutions de leurs durées dans le temps, en des enchaînements harmonieux, qui sont véritablement l'hymne de l'univers (1). »

(1) Saint Augustin, *De Musica*, livre VI, chap. II, parag. 29.

Lorsque Pythagore énonçait la proposition célèbre : Le monde a été fait avec poids, nombre et mesure, il expliquait sommairement, par cette formule, l'action de la Cause qui a disposé toutes choses en l'univers. C'était dire que le Créateur a ordonné la pesanteur des corps agrégés par l'équilibre, qu'il a réglé l'étendue et le mouvement par la mesure ou l'ordre, et qu'il a soumis la variété au nombre, c'est-à-dire à la cadence et à l'harmonie. Ce sont là, évidemment, les grands traits qui résument l'intervention de l'Intelligence Souveraine dans l'univers ; grands traits entrevus par Pythagore, et que le progrès des sciences explique et rend plus clairs, à mesure que de nouvelles découvertes viennent enrichir le trésor de nos connaissances.

En beaucoup de choses nous sentons l'harmonie, mieux que nous ne la voyons. Rélégué sur un point de l'espace, et borné dans sa vision, l'homme n'est en contact qu'avec quelques atomes de l'univers visible. Donnons encore la parole à saint Augustin :

« Nous découvrons dans le monde beaucoup de troubles et de désordres, parce que, inconscients du rôle magnifique assigné à chacun de nous par la divine Providence, nous ne pouvons juger de l'ordre qui y préside. Car, pour prendre un exemple, si l'on plaçait quelqu'un comme une statue dans l'angle d'un immense et splendide édifice, cette personne ainsi placée ne pourrait saisir la beauté du monument dont elle fait partie. Dans la bataille, le soldat ne peut pas voir l'ordre de l'armée. Et, dans un poème, si l'on vivait et si l'on sentait autant de temps que les syllabes résonnent, on ne saurait prendre plaisir à ces cadences harmonieuses, ni à la beauté renfermée dans l'œuvre que l'on ne pourrait ni voir, ni juger tout entière, puisqu'elle serait formée et embellie par toutes ces syllabes s'évanouissant à tour de rôle (1). »

Quand l'homme hasarde sa pensée dans les champs des infiniment grands et des infiniment petits de la création, il s'aperçoit qu'il ne connaît presque rien des existences, et que, ce qu'il saisit le mieux en dernière analyse, ce ne sont pas les phénomènes dont la multiplicité échappe, le plus souvent, à ses moyens d'investigation, mais les lois générales de ces phénomènes dont il porte la notion intime au fond de son entendement. Nous disons invinciblement : l'ordre et l'harmonie existent dans l'univers, quoique le désordre frappe souvent nos regards. Mais des études plus complètes et mieux faites, des sciences nouvelles, comme nous le disions plus haut, des méthodes plus exactes, des découvertes qui en résultent, nous amènent chaque jour à voir plus distinctement l'harmonie là, où auparavant, une intuition inconsciente nous en révélait seule l'existence. Ainsi nous arrivons à découvrir et à affirmer successivement, par un plus grand nombre de faits, que l'attribut de l'ordre ne manque nulle part dans l'œuvre du Créateur.

Tâchons d'éclairer ceci par un exemple.

Nous pouvons supposer un animal dont l'organisa-

(1) Saint Augustin, *De Musica*, livre VI, chap. ii, parag. 30.

tion rudimentaire, mise à la portée d'une cloche en mouvement, ne reçoit l'impression que de quelques vibrations. Un autre animal pourvu d'un organisme plus parfait, en saisira un plus grand nombre. Enfin, en montant dans l'échelle des êtres, il se rencontrera un individu qui percevra toutes les vibrations, et le son général résultant de leur fusion harmonieuse.

Il en est de même pour l'humanité dans l'univers. Une intelligence vulgaire, bornée dans l'exercice de ses facultés, ne verra dans le spectacle de ce qui l'entoure, que quelques manifestations de l'Ordre. Un esprit mieux doué et plus éclairé, en saisira un plus grand nombre ; enfin ne pouvons-nous pas supposer un être supérieur qui puisse percevoir l'harmonie intégrale des mondes, que la raison nous fait concevoir, mais dont, actuellement, la généralité ne saurait être qu'imparfaitement saisie par nos modes restreints de perception.

L'homme, à son tour, considéré comme agent de l'ordre et de l'harmonie, a sa place et son rôle dans l'univers. Facteur essentiel de la vie, et acteur dans les évolutions de l'humanité, il est cet élément même qui tombe sous les lois de l'ordre social. Mais il est un élément d'une nature exceptionnelle dans la série des êtres, puisque, doué du redoutable privilège de la liberté, il a le pouvoir de mériter, en conformant ses volontés aux prescriptions de l'ordre général, ou de démériter, en y résistant.

L'humanité est donc appelée à réaliser l'ordre et l'harmonie sur la terre par son concours volontaire à l'action du Vrai, du Bien et du Beau, qui produit la science par le travail, la vertu par l'effort et l'édification artistique par le moyen des procédés de l'art. Voir, pratiquer, manifester les idées du monde supérieur, telle est la triple fonction de l'homme dans la société.

Ce qu'on appelle en philosophie le Plan de l'Univers, c'est l'ordre voulu par l'Intelligence divine au sein des choses créées; ordre réalisé dans les êtres irresponsables par les lois fatales qui les régissent, ordre en puissance d'être dans le monde social, et s'y développant par la libre accession de l'intelligence de l'homme à ses impératives injonctions.

De même que chaque atome du monde extérieur a sa place et sa fonction arrêtées de toute éternité dans la pensée créatrice, de même chaque homme a son rang et sa mission au sein de la société des existences ordonnées d'après le plan divin. Selon nous, une des preuves les plus convaincantes de la toute-puissance et de la sagesse infinie de Dieu, c'est que, malgré les désordres que nous signalons dans l'humanité, la Providence, tout en sauvegardant notre libre arbitre, s'applique à ménager, aux individus comme aux sociétés, des voies qui leur permettent de se sauver du désordre, et de rentrer dans l'harmonie générale.

Ainsi donc il importe de se pénétrer de cette grande vérité, que chacun de nous est un rouage dans le fonctionnement de la famille humaine et que cette famille a, dans l'univers, un rôle dont elle ne saurait se départir sans manquer à ses devoirs. L'existence la plus cachée, la plus chétive, la plus nulle en apparence, a sa raison d'être aux yeux du Créateur, aussi bien que le brin d'herbe de la prairie, et que l'humble fleur solitaire perdue dans les abîmes des hauts lieux, où nul regard humain ne viendra jamais la contempler, aussi bien que la plus petite pierre et le grain de sable enchâsssés dans la masse colossale de Saint-Pierre de Rome ou des Pyramides. Tout homme, dans sa sphère d'action, doit librement son concours à la réalisation du plan de l'univers. Dans toute position sociale, humble, moyenne ou élevée, il a des rapports à soutenir avec ses semblables : la loi de ces rapports, c'est l'ordre qui fait converger la diversité des existences vers l'unité, l'ordre, qui est la pensée, le plan même de Dieu dans la création.

Ecoutons Béatrix, au moment où elle introduit Dante dans le Paradis :

« Toutes les choses ont un ordre entre elles, et cet ordre est la forme par laquelle l'univers ressemble à Dieu. Ici les créatures sublimes voient les traces de la puissance éternelle qui est le but pour lequel a été créée la loi dont je parle. Dans cet ordre, toutes les natures marchent par des voies diverses plus ou moins rapprochées de leur but, et elles se dirigent vers des ports différents par la grande voie de l'être, conduites chacune par l'instinct qui lui a été donné. C'est lui qui porte le feu vers la terre, c'est lui qui est le moteur des cœurs humains, c'est lui qui rassemble et qui réunit les parties de la terre. Et non seulement les créatures qui sont hors de l'intelligence sont atteintes par cet arc, mais encore celles qui ont la raison et l'amour.

..... « Il est vrai que, comme souvent la forme ne correspond pas à l'intention de l'art, parce que la matière est sourde et ne répond pas, ainsi la créature s'écarte parfois de son chemin, parce qu'elle a le pouvoir, quoique poussée, de se diriger ailleurs, si son premier élan a été détourné vers la terre par un faux attrait, comme on voit le feu descendre des nuages (1). »

On appelle vocation l'invitation adressée par la raison à l'activité humaine pour concourir au plan de l'univers. C'est la recherche, le choix de la position où l'ouvrier humain doit façonner son intelligence, sa personnalité, et les faits du monde extérieur placés à sa portée, suivant l'ordre qui est sa loi suprême ici-bas comme elle le sera dans l'autre vie, ainsi que Béatrix vient de nous le faire entendre.

Arrivés à ce point de notre étude, nous dirons à l'artiste et au critique :

Si vous analysez ou si vous concevez une œuvre, examinez-la d'abord sous les trois titres : *Quid, quod ou quantum, quomodo ?*

Cherchez la convenance, cherchez la proportion, cherchez l'harmonie. La réponse faite à ces trois questions sera la conclusion de votre enquête, et vous donnera le secret de la constitution artistique de l'œuvre soumise à votre examen.

---

(1) DANTE, *Paradis*, chant Ier.

Si, par une marche opposée vous procédez à la synthèse de votre œuvre, cherchez dans ce travail le *quid?* le *quantum?* et le *quomodo?* Le *summum* renfermé dans vos affirmations de convenance la plus rigoureuse, de proportion la plus exacte, d'harmonie la mieux entendue, vous donnera le signe complet, la formule artistique, l'intégrité de l'expression qui est le but vos efforts.

Et votre œuvre, à quelque genre qu'elle appartienne, aura fixé le Beau dans les signes ordonnés par vous, pour évoquer sur les sommets de la pensée le soleil radieux de l'Idéal.

DEUXIÈME PARTIE

Du Type.

L'Ordre est la loi de ce qui est successif dans le temps.

L'Ordre est aussi la loi de l'étendue, lorsque celle-ci est considérée comme le lieu d'individualités distinctes.

Ainsi, les entités qui se présentent rangées et ordonnées dans l'étendue, par cela même qu'elles ont des limites ou des signes de distinction, sont régies par l'harmonie concordante, s'il s'agit du règne végétal, et par l'harmonie symétrique s'il s'agit du règne animal.

Mais l'élément premier, l'entité ou l'individualité pris isolément, a aussi sa loi d'expression. Cette loi c'est la loi du Type.

Nous portons inconsciemment au fond de notre

entendement une notion instinctive de comparaison, entre l'être et la chose que nous contemplons, et l'idée de cet être ou de cette chose que nous avons en nous.

Cet acte de comparaison entre la forme actuelle et une certaine idée innée de cette forme, nous fait constater, dans une région de notre entendement, la présence d'une forme idéale, modèle et maîtresse de la forme visible, auditible ou tangible ; et cette idée innée d'un modèle idéal et permanent, qui sert à juger des formes caduques et passagères s'appelle Type ou Exemplaire.

Nous concevons le beau, comme nous concevons le vrai et le bien, et nous disons : ceci est beau, aussi spontanément que nous affirmons ceci est vrai, ceci est bon. Ce jugement rapide et instinctif est le premier acte de la Pensée, qui pourra plus tard, à l'aide des opérations diverses de l'entendement, prononcer la même formule, mais, cette fois, consciente et réfléchie.

A toutes les époques et chez tous les peuples, l'histoire nous montre que, quels que soient l'âge, la culture, la nationalité de l'homme, celui-ci prononce et affirme constamment le jugement précité, et cela par la recherche des formes diverses et progressives des arts même les plus embryonnaires, où son choix s'arrête de préférence sur telle ou telle forme, telle ou telle figure. Ces faits nous autorisent à reconnaître la présence de l'idée de Type au fond de toute intelligence, comme nous y découvrons la notion de l'idée de l'Ordre. Invinciblement nous affirmons l'existence de l'ordre et du désordre, et la ressemblance ou la dissemblance avec le Type, exemplaire intérieur. Nous nous trompons quelquefois sur ce qu'est véritablement le Type, et sur ce qu'est véritablement l'Ordre, pour des motifs que nous pouvons ranger dans ce qu'on appelle en philosophie la cause de nos erreurs ; mais il nous est impossible de nier de bonne foi qu'il y a un Ordre et qu'il y a un Type.

La loi du Type trouve son application dans les arts du mouvement, comme dans les arts plastiques. L'élément principal mis en relief, la monade centrale expressive, pour emprunter ce mot à une terminologie célèbre, peut être considérée en soi, indépendamment des faits de la périodicité. Or toute individualité tombe sous la loi du Type, puisqu'elle revêt une forme soit plastique soit rythmique, et que cette forme éveille immédiatement et naturellement en nous, l'idée d'exemplaire ou de modèle parfait.

Prenons un exemple dans les arts mixtes : le geste est perçu simultanément comme expression d'un Type idéal, et comme agent de mouvements réglés par une juste cadence. Quand le geste réalise harmonieusement ces deux conditions, il revêt le double enchantement de la beauté plastique, et de la beauté rythmique.

DE LA PLASTICITÉ

La Plasticité est cette propriété que possèdent les traits perçus par la vision, de donner l'impression de la forme.

La figuration de l'étendue par la ligne concrète prend le nom de Plasticité, par opposition à la figuration de la durée par les mouvements sonores ou non qui s'appellent rythme.

La vue peut juger de certains rythmes temporaires dans les arts mixtes, tandis que l'oreille seule est appelée à sentir et à juger les rythmes sonores de la musique.

Nous remarquerons ici que le mot rythme s'applique à deux sortes de manifestations du nombre : 1º à celles de la durée ; 2º à celles de l'étendue. Et nous ajouterons que ce mot, employé à l'occasion des arts plastiques, témoigne de la vie, de ses caractères, de ses évolutions, et qu'il indique toujours dans les traits une certaine idée de mouvement, de succession et de concours.

DE L'IDÉE, DE LA FORME, DE LA VIE

Le type produit la forme, comme l'ordre enfante l'harmonie.

De même que l'artiste réalise l'ordre au moyen de

l'arrangement de ce qui est successif, de même, il réalise le type par la forme de ce qui est étendu.

On distingue dans le type : 1° la substance ou l'essence ; 2° la propriété ; 3° le mode.

Au sein du type, l'idée s'entend de la substance, la forme de l'irradiation des propriétés, et la vie du mode de cette irradiation.

Dans l'œuvre d'art, la réalisation matérielle du type s'entend du sujet ou motif, la forme des propriétés ou qualités du sujet, la vie du mode et du mouvement de ces qualités pour signifier le sujet.

Ainsi l'idée ou le sujet c'est la cause, le but, le sens de la forme.

La forme, c'est l'incarnation de l'idée en des signes, et cette incarnation, par un privilège aussi mystérieux que certain, devient signification même de l'idée, sous des conditions dont les unes relèvent du problème difficile et compliqué intitulé en philosophie : association des phénomènes de conscience, et dont les autres font l'objet de cette étude.

La vie, c'est le concours efficace que les éléments de la forme se prêtent entre eux pour atteindre, par l'unité, à l'expression, c'est-à-dire à la manifestation des qualités du modèle.

De là, se tire l'origine de ces trois termes de classification : l'Idée, la Forme et la Vie. On s'en sert pour ramener sous ces titres toutes les œuvres de l'intelligible, en distinguant et en groupant ensemble celles qui manifestent plus spécialement ou l'Idée, ou la Forme, ou la Vie.

C'est aussi dans ce sens qu'on entend ces expressions : le cycle de l'Idée, le cycle de la Forme, le cycle de la Vie.

———

QUALITÉS DU TYPE

———

Évidemment, le type doit être visible pour être perçu.

Il sera lumière, mais d'une manière éclatante et maîtresse. Avant tout, il est resplendissement, et le resplendissement est sa première et sa plus saisissante qualité. Car on ne saurait concevoir sans éclat un exemplaire parfait, modèle de formes changeantes qui lui empruntent ce qu'elles ont de beau. Or, la lumière étant la condition de la vision de toutes formes, c'est au sein de son resplendissement que se fait l'irradiation des qualités du modèle.

Le type est un exemplaire, il faut qu'il revête les caractères du choix, de l'élégance, de la perfection, car ce qui se présente à l'imitation doit être tiré hors de pair, et ne peut pas se concevoir imparfait.

Mais comment le type resplendissant est-il parfait ? Il ne le sera point d'une manière passagère, mais d'une manière stable, persistante, constante, vivante, en un mot, et vivante par soi. Étant cause, il doit demeurer immanent au milieu de la caducité des formes imparfaites et progressives en beauté, qui se succèdent et s'évanouissent en cherchant à l'imiter. Car ce qui persiste est meilleur que ce qui passe et s'évanouit.

Ainsi, le type est resplendissant ou lumineux, choisi ou parfait, persistant ou vivant.

DE L'ASPECT DU TYPE DANS LA NATURE

Nous avons vu plus haut que le type joue vis-à-vis de la forme plastique, le même rôle que l'ordre vis-à-vis de la forme rythmique. Jetons maintenant un coup d'œil sur les distinctions qu'il faut faire dans la nature, mère des formes et des rythmes, entre les faits expressifs de l'ordre et ceux expressifs du type.

En dehors des révolutions sidérales où l'ordre éclate d'une façon si merveilleuse dans l'impeccable régularité d'alternances incessantes, ce n'est point par les qualités du rythme et de la symétrie que la contemplation du monde extérieur attire le plus souvent notre admiration ; mais c'est surtout l'aspect plastique et la perfection des formes de l'univers qui charment notre intelligence.

Nous en trouvons la raison dans les considérations suivantes :

La nature est à l'état plastique pour que notre œil puisse en saisir les traits et notre intelligence les interpréter. Le globe paraît avoir épuisé les phases diverses d'activité et d'organisation où ses énergies premières l'ont façonné, tel que nous le voyons aujourd'hui.

A la période de jeunesse et d'élan des forces cosmiques, a succédé celle de leur épanouissement. Nous croyons pouvoir dire avec les sciences cosmologiques que le globe est dans cette période. Voilà pourquoi il offre avant tout l'aspect plastique.

Regardons autour de nous.

Voici au frais printemps un buisson d'aubépine. Ses fleurs odorantes commencent à éclore. Au milieu s'élancent quelques tiges longues et flexibles d'un rosier sauvage. L'arbuste épineux fait surgir les groupes de ses boutons naissants, irrégulièrement distribués entre les frêles rameaux, dont les extrémités toutes rouges encore, témoignent de la récente végétation. La tendre verdure du feuillage, les parfums qui s'exhalent de ces fraîches corolles, la goutte de rosée qui brille encore suspendue au brin d'herbe de la pelouse rustique, les mille fleurettes aux vives couleurs qui dressent leurs petites têtes diaprées au pied du buisson, le susurrement des insectes, le chant des oiseaux animant le paysage, le murmure du ruisselet dans la prairie voisine, tout cet ensemble riant et gracieux, où l'on ne pressent encore ni défaillance dans la sève, ni décrépitude dans la forme, tous ces contours charmants, ces traits harmonieux, symboles de l'intégrité, image de l'innocence et de la pureté, tout ce long enivrement de couleurs, de teintes, de nuances, de senteurs, tout ce ruissellement de claire lumière dans l'atmosphère limpide d'un beau jour, en un mot cette résultante éloquente et persuasive de multiples et suaves impressions, qui causent par leur subtilité même mille sensations innommées, qu'est-ce, sinon l'apparition idéale du Renouveau, la sereine évocation de la Poésie éternelle de la Jeunesse?

Nous trouvons l'empreinte de l'idée de type dans les formes, les contours, les couleurs de ce paysage. Nous y découvrons très peu d'éléments précis relevant de la loi de l'harmonie symétrique.

Voici encore quelques traits sommaires d'un autre paysage printanier :

Ombres inclinées au coucher du soleil, ciel serein, calme reposant du soir. Dans la verdure naissante, motifs de peupliers et de maisons à demi cachées sous le feuillage, prairies fuyantes entrecoupées d'arbres élégants, lignes bleuâtres de collines à l'horizon. Et pour augmenter la vivacité de ces impressions, voici tout à coup les sons argentins de la cloche lointaine qui s'élèvent mélancoliquement dans l'air embaumé, où brillent encore quelques rayons du soleil qui disparaît à l'horizon.

Comme dans le paysage précédent, la beauté de cet ensemble de traits, où nous ne découvrons aucune trace de symétrie proprement dite, gît dans l'idée de type. Mais on y perçoit aussi un sentiment très vif d'harmonie entre les lignes, les motifs, les couleurs, le ciel et l'horizon. Ce sentiment a sa source dans l'éveil spontané de l'idée de concordance, qui met en belle société les éléments dont nous venons de faire l'énumération. La concordance harmonique concourt donc à la beauté perspective des formes, des couleurs et des ombres.

Ici, deux observations à présenter.

Supposons dans ce même paysage la longue façade rectiligne d'une vaste usine, ou le haut talus, non moins rectiligne d'un chemin de fer ou d'un canal. Immédiatement la concordance harmonique et, avec elle l'idée de la grâce, subit une grave atteinte par la note discordante que cette ligne droite introduit dans le paysage. Car nous avons vu plus haut que le pittoresque exclut la ligne abstraite et géométrique. L'œil ne nous procurera plus la pleine satisfaction que nous goûtions tout à l'heure sans mélange, dans la pure et intégrale concordance de traits harmonieux.

Le caractère de ces paysages est évidemment celui de la grâce qui est la résultante des douces impressions de Beauté sereine, que nous venons de ressentir dans la contemplation de cet ensemble harmonieux.

Alors nous découvrons que l'idée de grâce, fille de la concordance harmonique, est manifestée par l'épanouissement libre et facile des traits, par la plénitude de la vie, par la présence de la ligne courbe dans les formes plastiques, par l'éclat discret des teintes, en un mot, par tout ce qui exclut l'idée de force et de contrainte.

En second lieu, nous ferons remarquer que l'état du ciel, l'air, la lumière, jouent un rôle important dans le paysage. Celui qui nous occupe en ce moment est ravissant sous un ciel serein, et à telle heure propice. Mais sous un ciel chargé de nuages et privé de la douce lumière de tout à l'heure, il perd aussitôt une grande partie de son charme. Reconnaissons avec les coloristes que la lumière et les couleurs sont des agents puissants d'expression et de beauté, et que cette beauté qui leur est propre, confère aux scènes agrestes dont nous parlons, quelques-unes de leurs plus merveilleuses qualités.

Maintenant, pour continuer notre enquête, rappelons nos souvenirs ; évoquons par la pensée des paysages contemplés dans des saisons et sous des cieux divers. Notre examen nous convaincra que les grandes et imposantes scènes de l'univers sont l'expression des traits du monde correspondant aux idées générales et nécessaires, placées par la philosophie à la base de nos connaissances. Le spectacle grandiose de l'espace indéfini, celui des mers, des déserts, des abîmes effrayants, des monts élevant au-delà des nues leurs pics sourcilleux, provoquent en nous l'apparition des idées d'Immensité, de Puissance, de Majesté et de Grandeur, comme la vue des merveilles du firmament éveille celles d'Ordre et d'Harmonie, comme la perception des évolutions diverses et bien ordonnées du règne végétal et du règne animal, nous découvrent dans leur cause une Sagesse et une Providence souveraine.

Puis, continuant notre étude, l'analyse nous fera voir à côté de l'Idée de grâce et de celles d'Immensité, de Puissance, de souveraine Sagesse et de Grandeur, d'autres idées particulières apparaissant à l'occasion de tel ou tel fait du monde physique. Enfin pour tâcher de mieux saisir encore le sens intime des manifestations du type, nous ferons appel aux notions acquises précédemment, à l'occasion des phases diverses du mode actif de la durée.

MODE DE L'ÉLAN OU DE LA FORCE
MODE DE L'ÉPANOUISSEMENT OU DE LA GRACE

Toutes les formes possibles peuvent se ramener à deux lignes : la ligne droite et la ligne courbe.

Si nous voulons caractériser chacune d'elles, nous remarquerons que la ligne droite, appelée le chemin le plus court d'un point à un autre, correspond réellement à l'élan, à l'effort initial de tout mouvement. Partant, la ligne droite participe aux qualités de l'élan qui sont la force, la puissance, l'énergie.

La ligne courbe, qui ne peut pas être le chemin le plus court d'un point à un autre que suit la projection de l'élan, est au contraire l'affirmation de la liberté dans l'essor, le résultat du choix, de l'élégance, de l'aisance dans le mouvement, en un mot la ligne courbe est l'expression parfaite de l'épanouissement. C'est la force maîtresse d'elle-même se dirigeant où elle veut, dont le caractère, nous venons de le voir, est l'élégance, le choix, l'aisance et la liberté dans l'allure et dans l'expansion.

L'homme, qu'un savant illustre a nommé l'abrégé de l'univers, porte en sa double essence la double signification de la Force et de l'Elégance, dont la ligne droite et la ligne courbe offrent le symbole.

Aussi, tous les faits qui relèvent de la Puissance sont-ils empreints artistiquement du caractère masculin, tandis que ceux qui relèvent de la Grâce revêtent le caractère féminin ; c'est donc sous les traits généraux et distinctifs de la force et de la grâce que nous percevons les phénomènes du monde extérieur, lesquels phénomènes nous impressionnent diversement suivant l'un ou l'autre de ces modes, c'est-à-dire, suivant la beauté mâle, ou suivant la beauté féminine.

Nous conclurons donc que les traits significatifs du type, se présentent généralement à nous sous ces deux modes : 1° Le mode de la force et de l'énergie, ou le mode masculin et de la volonté ; 2° le mode de l'épanouissement et de la grâce ou le mode féminin et de l'amour. Quand on remonte du mode passager à la cause permanente qui le produit, on rencontre ces expressions : l'éternel masculin, l'éternel féminin, dont les philosophes et les critiques ont tant usé de nos jours. Ces termes doivent s'entendre des idées de force et de grâce envisagées au sein de la cause première dont elles sont issues.

Ce n'est point par le mode de la force, avons-nous dit précédemment, que les facultés de l'homme sont le plus aptes à manifester esthétiquement la Beauté renfermée dans les idées d'ordre et de type. Aussi, nous n'insisterons pas sur l'examen du mode masculin. Mais nous nous arrêterons devant celui de la Grâce pour en étudier la nature, les caractères et sa part d'influence dans le domaine des faits artistiques.

DE L'IDÉE DE GRACE

La Grâce est la liberté dans
l'effusion.

Dans la succession des moments de la durée, l'épanouissement s'entend de la période qui suit celle où l'élan, tout concentré en lui-même, atteint le point culminant de son expansion. La force initiale s'étend alors, rayonne dans sa plénitude et dans sa liberté, et produit l'effet utile qui a été la cause de l'élan.

La grâce est la manière d'être de l'épanouissement soit dans l'ordre, soit dans le type. Elle est comme le resplendissement, comme l'irradiation des effluves qui s'en échappent pour susciter en nous les différents états nommés : admiration, enthousiasme, affection, délectation, contemplation, ravissement, extase. Le sentiment plus ou moins parfait de la plénitude de ces états est à la fois la condition et la mesure des qualités déterminant ces modes enthousiastiques de l'âme.

Nous dirons donc avec raison que la grâce gît dans l'épanouissement du type. Or la grâce qui émane de la plénitude du type, émane aussi de la plénitude de l'ordre, c'est-à-dire de l'ordre réalisé, de l'ordre considéré non plus dans l'effort ou l'acte qui le produit, mais dans l'effet intégral de cet acte ; avant que la chute ne vienne en le diminuant altérer, puis ruiner ses conditions mêmes d'existence. De même la plénitude des qualités du type est la condition essentielle de la grâce.

Avec la diminution et l'affaiblissement de cette plénitude, disparaît graduellement la grâce elle-même,
qui n'est au fond que la suprême manière d'être du
type ou de la perfection.

DU MYTHE DES TROIS GRACES ET DU SUBLIME

Socrate avait coutume de dire à ses disciples qu'il
faut constamment sacrifier aux Grâces. Sans nul doute
il y a d'intéressantes conséquences à tirer de cette
parole, pour la tenue, l'air, l'allure, la marche, le
paraître, en un mot au sein de l'humanité, toutes
choses qui ne sont pas l'objet du présent travail, et à
côté desquelles nous passons, non toutefois, sans les
signaler à l'attention du penseur et de l'artiste. Nous
voulons seulement apprécier et discuter les raisons
pour lesquelles Socrate recommandait si instamment
le culte de la Grâce, espérant tirer de cet examen des
lumières nouvelles pour éclairer notre route.

Au seuil de cette étude, nous rencontrons l'incarnation de notre sujet dans le mythe charmant des
trois Grâces, appelées aussi *Carites* ou Charites par
les écrivains de la Renaissance.

Pourquoi ces trois vierges sereines forment-elles
constamment ce groupe de corps élégants délicieusement enlacés, que la poésie, la sculpture et la peinture
ont immortalisés à l'envi chez les anciens et chez les
modernes? Pourquoi ne se séparent-elles jamais, et

ne trouve-t-on nulle part l'une d'elles isolée des autres? Enfin que signifie ce nombre trois? Y a-t-il vraiment trois sortes de grâces? Est-ce un nombre pris au hasard?

Nous croyons que ce nombre a été choisi intentionnellement, et que, s'il n'y a pas trois sortes de grâces, tout au moins la grâce revêt trois modes particuliers, lesquels modes, entrevus par les premiers poètes et par les philosophes, ont été proposés par eux comme des entités distinctes.

En effet, nous avons constaté précédemment qu'on peut envisager le paraître sous trois points de vue différents. Les œuvres de la nature et celles de l'art portent l'empreinte des manifestations plus ou moins bien équilibrées de l'Idée, de la Forme et de la Vie. Ces trois termes représentent les causes génératrices de la Beauté et de l'Ordre dans leurs incarnations à quelque genre qu'elles appartiennent. Or la perfection exige la plénitude du type ou de l'idée, la plénitude ou la perfection de la forme et la plénitude de la vie. Nous avons vu que la plénitude ou l'épanouissement est précisément ce qu'on nomme la Grâce dans la langue philosophique. Les anciens poètes avaient individualisé les modes de la Grâce, suivant que ceux-ci s'entendent de l'Idée, de la Forme et de la Vie. Comme la perfection de l'œuvre exige le concours intégral et simultané de ces trois modes, et que le manque de perfection individuelle ou dans l'Idée, ou dans la Forme, ou dans la Vie s'oppose à la perfection de la réalisation totale, ces trois vierges qui personnifient les trois modes de la Grâce, nous apparaissent toujours indissolublement unies par l'étreinte de ces beaux bras enguirlandant les épaules les unes des autres. Ainsi, dans les trois Charites enchaînant leurs indivisibles évolutions, nous voyons l'énonciation, la constatation et la figure de l'excellente et parfaite manifestation de l'Idée, de la Forme et de la Vie, qui se fondent en une harmonieuse unité, pour éveiller en nous la notion simple et lumineuse de la Beauté idéale.

Nous dirons donc que la Grâce s'entend de l'épanouissement simultané de l'Idée, de la Forme et de la Vie, et nous saurons désormais pourquoi et comment les poètes et les artistes ont personnifié les modes de la Grâce, et fait de ces trois vierges inséparables, le trio charmant dont, maintenant, nous comprenons à la fois la raison d'être et la signification.

Alors ne vous semble-t-il pas aussi que la recommandation de Socrate renferme tout le secret des obligations esthétiques de l'homme, comme membre de la société humaine évoluant à travers les civilisations diverses. Car s'il doit tendre à la perfection morale par la vertu, ne doit-il pas exprimer aussi par son corps, en tant que signe expressif du langage, la plus grande somme possible de perfection. C'est pourquoi nous n'hésitons pas à dire qu'il faut donner à la parole de Socrate une importance plus grande que celle qu'on lui attribue communément, parce qu'elle trace, pour le sujet qui nous occupe, le desi-

deratum des exigences de l'art telles que les dicte la
Raison.

<hr>

DU SUBLIME

<hr>

La Grâce, dans le sens philosophique du mot, est
donc l'essence même de l'Art, sa condition d'existence, son mode triple et un d'expansion. Elle suppose
toujours l'équilibre parfait des trois éléments qui correspondent à l'Idée, à la Forme et à la Vie.

Mais il arrive parfois que la manifestation subite,
extraordinaire et prépondérante de l'un de ces éléments, produit un état particulier d'émotion auquel on
a donné le nom de sublime.

Par l'inégalité accidentelle et fortement accusée,
dans les manifestations des trois éléments constitutifs
de la Grâce, par leur disproportion même, le sublime,
loin de procéder de l'ordre, est engendré au contraire
par le relief vigoureux, par l'exaltation passagère soit
de l'Idée de Force, d'Energie, de Puissance, soit de
celle d'Immensité, de Grandeur, de Majesté, etc.
Ce sera, par exemple, la tempête qui soulève les
flots, l'ouragan qui déracine les chênes, la foudre qui
sillonne la nue; ou bien encore un aspect imposant
et subit, un bouleversement qui déchire le voile de
l'ordre uniforme, et laisse entrevoir un instant avec
leurs énergies particulières et sans contrepoids, ces
forces, ces attributs, dont l'existence ne nous est
révélée dans l'ensemble ordinaire des choses que par

la juste proportion, dans la mesure de leur intervention journalière.

De son côté, le monde moral nous offre des exemples du sublime qui, lui aussi, découle de la manifestation de l'énergie extraordinaire d'un acte volontaire, ou d'un témoignage de vertu poussé à ses extrêmes limites. L'histoire et la littérature nous en fournissent des traits nombreux et célèbres; l'humanité, qui s'honore de tous les actes de dévouements, humbles ou éclatants, accomplis dans son sein, a toujours salué du nom de sublime la grandeur et l'énergie dans le sacrifice.

Pour résumer ces considérations, nous dirons donc que le sublime, soit dans le monde moral, soit dans le monde physique, a sa cause dans le jeu d'une force qui rompt l'équilibre et se projette violemment en dehors de tout rapport d'harmonie et de proportion avec ce qui l'entoure.

Nous ferons remarquer encore que le sublime, comme son nom l'indique, se range dans la catégorie des manifestations qui relèvent de l'effet masculin. En second lieu, le sublime n'est qu'un accident, un trait saillant, une envolée passagère qui ne saurait former le tissu régulier de l'œuvre de la nature, ni de celle de l'art, pas plus que l'exception ne doit et ne peut devenir la règle, pas plus que la tempête ne sera considérée jamais comme l'état régulier de l'atmosphère.

DE LA GRACE DANS LA SYMÉTRIE

La Grâce joue encore un rôle important vis-à-vis des œuvres symétriques. Elle leur sert de tempérament, et les sauve de la monotonie au sein des nombreuses répétitions rythmiques inhérentes au mode symétrique, et cela par l'aisance et par la liberté qu'elle leur communique.

Voici le problème de la liberté dans la symétrie, tel qu'il a été posé par un maître autorisé dans les questions d'art, et qui a étudié d'une manière toute spéciale l'art symétrique de la Grèce.

« On a parlé souvent de l'irrégularité de l'Erechtéion. J'avoue que je ne la comprends pas mieux que celle des Propylées, à moins que par irrégularité on entende l'absence de cette symétrie qu'aiment les modernes, et que les Grecs semblent avoir dédaignée dans leurs ensembles, c'est-à-dire dans les édifices composés de plusieurs corps de bâtiments. Les différentes parties de l'Erecthtéion, dira-t-on, sont d'un niveau inégal. C'est comme aux Propylées : le propylée oriental est à un sol plus élevé que le propylée occidental. Les colonnes engagées dans la façade postérieure sont plus petites que les colonnes de la façade principale. Le portique du nord est encore d'une proportion différente. Le petit dorique des Propylées ne l'est-il pas aussi? — Le portique du nord a un fronton particulier qui coupe l'ordonnance de la frise principale. — Le propylée intérieur et son vestibule ne sont-ils pas couverts aussi par un fronton plus élevé, et cela dans la largeur même du corps principal? — Mais ces ailes ajoutées à l'Erecthéion? — N'y en a-t-il pas aux Propylées? — Elles sont inégales? — Et aux Propylées? Celles de gauche ne sont-elles pas deux fois plus profondes que celles de droite? etc.

. . . .

«... Non, je ne puis condamner dans un monument ce que j'admire dans l'autre, la variété, le mouvement et une abondance de motifs bien supérieure à la pauvreté froide et composée de nos répétitions symétriques. Les Grecs semblent avoir recherché avec un soin particulier dans leurs grands ensembles d'architecture les accidents soit de construction, soit de perspective. C'est ce que l'on remarque partout, dans la moindre maison de Pompeï, comme dans les plus beaux édifices d'Athènes. Mais la variété des dispositions n'empêchait point l'unité de style, et tous les détails se reproduisaient avec la même importance et à la même place. La frise qui courait sur la façade orientale et le portique du nord, les moulures et les dessins tournaient de toutes parts avec un ordre constant, et formaient le lien des diverses parties en les revêtant d'un commun caractère (1). »

(1) Beulé, *Acropole d'Athènes*, page 366.

Nous voyons par ce qui précède qu'il n'y a pas de symétrie rigoureuse dans le mouvement d'ensemble des édifices de l'Acropole. Quand on cherche attentivement le motif de ce fait qui semble en contradiction avec ce que nous avons établi plus haut, on se convainc bien vite que l'essence de l'art grec étant la manifestation de la Grâce et du libre épanouissement de la Beauté, l'expansion de cette beauté de la Grâce entraîne la liberté et l'aisance du mouvement, c'est-à-dire l'absence de toute contrainte. Le développement des édifices de l'Acropole est réellement l'expansion du type conçu et exécuté d'après l'ordre symétrique ; et cette expansion, pour être pleine de grâce doit porter l'empreinte de la liberté. Donc, point de contrainte dans l'évolution des formes rigoureusement typiques, lorsque celles-ci échappent par leurs fonctions à tout sentiment prépondérant de nombre et de succession.

Nous croyons voir dans cette manière d'envisager les effets d'ensemble de l'architecture chez les Grecs, une analogie frappante avec leur procédé pour introduire la liberté dans le rythme par le temps innommé, c'est-à-dire ne comptant pas, temps qui correspond au point d'orgue et à tous les artifices en usage dans la musique contemporaine pour rompre la monotonie des rythmes uniformes.

Cette manière d'être de l'art ainsi entendu avait reçu des Grecs le nom d'eurythmie.

L'eurythmie, dans la diversité, se prend de la perfection du mouvement de l'égalité soumise au nombre.

L'eurythmie est toujours mêlée aux manifestations expressives de la vie.

Elle suppose les modes actifs de la durée et apparaît à l'occasion de l'élan, de l'épanouissement ou de la chute.

La plasticité ne comporte l'eurythmie qu'à la condition expresse d'éveiller quelque idée d'ensembles et de concours actifs de forces, de traits ou de formes.

On ne saurait dire l'eurythmie d'une colonne, à moins de désigner le concours des traits et des motifs qui la constitue ; mais on dirait fort bien l'eurythmie d'une colonnade.

En pratique, l'eurythmie est le tempérament que la grâce avec l'aide de l'imagination apporte à la froide et sèche rectitude de la symétrie géométrique. C'est le vêtement de charme et d'attrait que la ligne courbe dépose sur la ligne droite pour en masquer la raideur, et qu'elle étend sur les angles, pour en dissimuler les arêtes. En un mot, c'est le signe indéniable de la vie se répandant en toutes choses, comme l'Univers où l'eurythmie règne sans conteste, en fait foi dans son sublime langage.

<hr>

DU GESTE

Ne perdons pas de vue que dans l'expression du type lui-même, les Grecs observaient la plus rigoureuse symétrie imitant en cela le corps de l'homme qui est absolument symétrique.

Dès que l'homme, par le geste, passe de l'attitude plastique à la tenue active, la grâce et l'aisance apparaissent dans le jeu et dans la vie de ses membres si régulièrement ordonnés. L'expansion du type, nous venons de le voir, doit se faire suivant un mouvement aisé, dicté par la grâce. Or, cette expansion répugne à la contrainte, à la forme rigoureuse qui rappellerait la raideur et l'exactitude de la ligne droite, de l'effort ou de l'élan. L'expansion du type se fera donc chez l'homme en dehors de la raideur géométrique. Le mouvement géométrique sera réservé aux exercices gymnastiques et aura sa place dans les évolutions militaires qui exigent le développement de la force physique. Mais le geste de l'orateur, de l'acteur, du figurant, du danseur et du causeur sera empreint de liberté gracieuse et d'aisance dans le mouvement, qualités sans lesquelles il n'y a ni charme, ni beauté dans le domaine des faits esthétiques purs.

Voici les motifs de cette distinction dans l'ordre.

La Nature repousse la forme abstraite et géométrique parce qu'elle obéit à la loi de la Vie. Or, le caractère de la vie, c'est la formation de l'individualité. La Géométrie, contraire de la Vie, est la négation de l'Individualité, partant la négation de la Grâce dont la vie est un des éléments constitutifs, puisque la Grâce gît dans la libre expansion. La Géométrie exclut le trait de distinction qui donne à chaque individu la caractéristique de son être propre. Deux angles, deux triangles, deux quadrilatères semblables n'ont pas de signe d'individualité propre, puisque dans leurs formes et leurs propriétés ils sont identiques chacun à chacun. Deux brins d'herbe, deux feuilles, deux arbres ont chacun leur individualité : la vie a déposé en eux un trait, quelque minime qu'il soit, qui fait que l'un n'est pas l'autre, partant que chacun d'eux n'est pas l'autre.

Concluons donc que la libre expansion, entraînant un caractère d'individualisation, doit présider, pour la faire vivre, à toute œuvre symétriquement ordonnée.

Les Grecs ne sont pas les seuls qui aient eu ce sentiment exquis de l'indépendance et de la grâce dans l'expansion du type. L'art des sociétés chrétiennes nous en offre de nombreux exemples.

Pourquoi les architectes inspirés de nos cathédrales des xiiie, xive et xve siècles, ont-ils élevé à des hauteurs différentes les flèches qui s'élancent simultanément de tours symétriques et parallèles. A première vue, ne peut-on pas dire que le principe de l'égalité souffre en ceci un notable dommage ? Ou bien est-il une raison supérieure, qui justifie ce procédé d'architecture fréquent dans l'art ogival ?

La raison de cette inégalité, c'est que la flèche n'est plus, pour ainsi dire, l'édifice lui-même. Elle en est l'expansion. Nous voyons dans la flèche de la cathédrale gothique le geste d'un énergique *sursum corda*, que le géant du Moyen Age fait de ses deux bras symétriques de pierre, pour nous montrer le ciel avec la croix qui les surmonte. Et l'homme, humble et rampant sur le parvis du colosse aux sublimes élancements, contemple avec admiration cette croix qui, dans son mouvement, semble l'emporter avec elle, en montant hardiment dans les profondeurs de l'espace sur les ailes de ces flèches élégantes, mais gracieusement inégales dans leur majestueuse et libre expansion. Deux flèches de proportions géométriques rigoureusement égales, seraient deux gestes dépourvus de grâce et d'élégance, et tout à fait contraires aux lois de l'évolution du type, telles que nous venons de les exposer.

***

DU MOUVEMENT DE LA VIE

Constitution. Organisation. Mode.

La vie nous apparaît avec le mouvement, mais tout mouvement n'est pas la vie.

Le mouvement produit le déplacement dans le règne minéral. On ne peut pas dire cependant que les corps en mouvement soient doués de la vie. Ils reçoivent et transmettent l'impulsion qui les fait se mouvoir. Absolument passifs, ce n'est pas eux qui interviennent comme facteurs dans l'impulsion, cause de leur mouvement.

Tandis que l'affinité, la cohésion et la pesanteur déterminent seules la constitution ou cristallisation des minéraux, ainsi que la pondération des grands corps, une cause nouvelle de mouvement, inconnue dans le règne minéral, vient s'ajouter aux précédentes, pour modifier les végétaux et les animaux. Cette cause c'est l'*organisation*.

L'organisation naît de la vie, de la vie cette énergie mystérieuse et incompréhensible, dont on constate l'existence, mais que l'on ne saurait expliquer.

Or, quel est le premier caractère que la vie va conférer à la substance organique, partant quel sera le mode fondamental de ses manifestations ?

Ecoutons Denis Cochin (1) : « Les substances vraiment organiques, c'est-à-dire élaborées par la vie, sont bisymétriques, la vie a passé par là et y a laissé son empreinte inimitable. »

Puisque l'égalité est à la racine même de l'œuvre de la vie, dans la manifestation la plus rudimentaire de l'organisation, nous en conclurons que ce principe de l'égalité dans les éléments organisés, est une loi essentielle, primordiale, dont on doit retrouver la trace et la présence dans le monde qui évolue sous nos yeux. C'est pourquoi tous les faits de l'univers, considérés au point de vue de leur agroupement, comme nous l'avons fait aux chapitres précédents, nous ont apparu ordonnés d'après trois modes différents qui proclament sans y manquer jamais l'omniprésente égalité, modes que nous résumons ainsi :

1° Au bas de l'échelle des êtres, l'accord ou l'agroupement des molécules et des grands corps est

(1) *L'Evolution et la Vie.*

déterminé par les lois de la cristallisation et de la pondération ;

2° La concordance des éléments et des tissus du règne végétal préside à l'organisation des individus de ce règne.

3° La symétrie, ou équilibre dans les organes de l'animal est le mode caractéristique de cette dernière et parfaite évolution de la vie.

Ces trois modes d'agroupement s'opèrent donc sous l'influence des trois lois nommées Concours, Concordance, Symétrie, lois que nous avons longuement étudiées au titre de la Proportion.

Maintenant, comment cette idée d'égalité est-elle traduite par celui qui fait œuvre d'art ?

TYPE GÉOMÉTRIQUE OU ABSTRAIT
TYPE ARTISTIQUE OU CONCRET

En premier lieu, l'idée de l'égalité résidera, par exemple, dans ces deux rectangles de pierre que l'architecte dispose pour soutenir un entablement. Nous les supposons sensiblement égaux par leur masse et leur aspect général, et nous dirons que dans leur emploi, la symétrie géométrique est strictement observée. Il y a ressemblance ou égalité de fonction, de place et de figure.

Ces deux blocs rectangulaires, véritables lignes

droites du plan linéaire, représentent donc bien l'idée de l'égalité géométrique.

Taillez ces blocs, faites-en jaillir, deux colonnes élégantes, d'un ordre quelconque, ou façonnées à votre fantaisie, vous réalisez la forme, je veux dire la grâce du contour. L'art a mis sa griffe sur le pilier brut et rectangulaire, et voilant à l'aide de la vie sa raideur géométrique, il inscrit en sa matière tous les charmes et toutes les séductions de la ligne courbe.

Ces deux colonnes ainsi façonnées, sont les deux types artistiques au moyen desquels l'architecte poursuit l'adéquation du beau par l'égalité.

La ressemblance des types géométriques correspond à l'idée de l'égalité, telle que la conçoit l'intelligence dans le nombre.

La ressemblance des types artistiques correspond à l'idée de l'égalité dans le nombre et dans la forme telle que la conçoivent, et l'imagination de l'homme, et les facultés créatrices qui l'accompagnent, et qui tendent à leur but en réalisant cette égalité d'une façon suffisante, excellente ou parfaite.

En second lieu, sous tous les traits de la nature et sous toute forme artistique, se cache une forme géométrique qui en est l'idée, forme que l'inépuisable fécondité du Créateur et l'imagination de l'homme, dérobent sans cesse sous des contours harmonieux, pour en faire des signes éloquents de grâce et de poésie.

Entre le procédé géométrique et le procédé artistique, toute la différence gît dans la manière dont on figure le type qui constitue l'égalité par sa répétition. Le savant s'occupe de formes abstraites ordonnées par le nombre et l'artiste de formes concrètes, issues de la vie, mais soumises aussi en leur genre, aux mêmes lois du nombre.

Ce qui nous amène à cette conclusion :

Tout signe associé à une idée remplit deux fonctions : il est signification par son sens intellectuel ; il est expression par son sens artistique. Dans l'espèce, le type intellectuel sera la forme géométrique ou abstraite, et le type esthétique la forme artistique ou concrète.

C'est par cette forme concrète, née de la vie, que l'artiste doit tendre à réaliser le Beau.

QUELQUES CONSIDÉRATIONS
SUR L'IDÉE DE TYPE DANS LA NATURE

Si nous pénétrons dans le sens du paysage, nous sommes conduits à examiner le milieu où s'étalent les représentations optiques, et tout d'abord, à considérer l'acte même de la vision.

Nous savons que l'œil envisage les objets sous un mode qu'on a nommé mode perspectif. L'acte de la vision, par cela même qu'il existe, détermine suivant les lois de l'optique, un point de vue ou point central, et des lignes régulières y aboutissant, qui distribuent les objets placés sous le rayon visuel, dans un certain ordre, et surtout avec un certain concours, par rapport au point de vue. Ce qui paraîtrait à l'esprit isolé et sans attache, revêt un tout autre aspect pour l'œil qui ne saurait voir sans placer les objets sous le mode perspectif dont nous parlons, ni sans établir un lien entre les représentations de tous ordres que la vision embrasse. De là, un arrangement naturel des choses et une série de tableaux, suivant que l'acte de la vision déplace le point de vue.

Aussi, par cet acte, la multiplicité divergente des choses est-elle ramenée à la portée du regard de l'homme, qui classe naturellement et sans effort sous le mode perspectif toutes ces impressions visuelles pour en former des individualités optiques, c'est-à-dire des tableaux ayant chacun leurs qualités d'organisation et de vie. Et là encore, nous trouvons l'application de la loi constante de la nature, c'est-à-dire la formation nécessaire de l'individualité réalisée par l'acte de la vision, qui groupe et distribue la diversité en quelques entités ou collectivités distinctes.

Ceci ne prouve pas que l'œil perçoit toujours l'ordre dans les œuvres de la nature et de l'art, mais ceci prouve que l'œil perçoit toujours au sein de l'ordre les images que la nature lui envoie. Dans le tableau qui s'offre à ses regards, les objets placés sur les lignes aboutissant au point de vue, ou sur celles qui forment un angle de 45 degrés avec le bord du cadre, peuvent ne pas témoigner entre eux de l'intervention de l'ordre ou en eux de l'idée de type ; mais ces objets incohérents et sans beautés ne sauraient être vus en dehors des conditions de l'ordre qui sont le propre de la vision optique.

D'où nous tirons cette remarque, l'intelligence de l'homme est faite pour l'ordre puisque nous découvrons que l'ordre est le mode naturel suivant lequel, comme dans ce cas, s'exerce spontanément le jeu de nos facultés, et à l'aide duquel s'établissent nos rapports avec le monde extérieur.

Le soleil, par la lumière, réalise vraiment l'unité entre les phénomènes complexes qui composent les scènes de la nature. Ses rayons, par leurs directions, donnent à la lumière qu'ils répandent, comme un mouvement et une ordonnance : un mouvement, puisque échappés du globe lumineux, ils tracent des sillons de clartés à travers l'éther dont ils descendent, et confondent les objets et les figures qu'ils éclairent dans leur propre rapport avec le centre d'où ils rayonnent ; une ordonnance, puisque ces rayons, en suivant le rythme des mouvements du soleil ou plutôt de la terre, établissent comme des modes successifs et réguliers, suivant lesquels les objets mis en lumière se présentent à nos regards.

La lumière, cette chose si mystérieuse et si belle, joue le premier rôle dans le spectacle de l'Univers. Présente ou absente, elle en rend les traits visibles ou invisibles, et les voiles qui la tempèrent ou l'obscurcissent, apportent des modifications profondes aux impressions nées de sa contemplation.

Sans nul doute, il y a une convenance entre la lumière et les corps. La beauté issue de leur association, naît du mode même de cette association. La lumière, avec ses intensités diverses et à l'aide des capricieuses évolutions des nuages, qui lui apportent le bénéfice du relief par les ombres, et celui des teintes par les gradations du tempérament, la lumière, disons-nous, fait resplendir les différentes couleurs des eaux, des prés, des bois, des horizons, suivant une gamme de tons infiniment variés. De là, un rapport entre telle couleur perçue et le type de cette couleur. L'idée qui s'en dégage, lorsqu'elle tend vers l'Idéal, est celle du Beau plastique. Et si nous cherchons les caractères de la lumière et d'où elle procède esthé-tiquement, nous voyons que l'idée de l'égalité n'intervient nullement dans ses effets. D'où nous concluons que ceux-ci relèvent du type et non de l'ordre.

La lumière est le grand vêtement de parure pour l'universalité des objets, et, en cela, elle est une cause toute-puissante de nos admirations et de nos enthou-siasmes. Pour s'en convaincre, il suffit de diminuer par la pensée l'intensité de son éclat dans tel ou tel paysage dont on se souvient, et l'on saisit immédia-tement la part qui lui revient dans ce caractère de beauté dont sont empreintes les œuvres de la Nature.

La joie accompagne la lumière, comme la tristesse suit l'obscurité.

La lumière est la condition essentielle du jeu et de l'application des facultés de l'homme. Or, nous savons que l'exercice de ses facultés est pour celui-ci une source de satisfaction, comme la privation de cet exercice lui cause une réelle souffrance. Aussi, l'obscurité entravant l'expansion de l'activité, engendre-t-elle la mélancolie et la tristesse, tandis que la lumière, condition naturelle du développement de cette activité, fait naître le contentement, la joie et la gaieté.

DES FORMES INTRINSÈQUES DES ÊTRES ET DES OBJETS DANS LE PAYSAGE

Concurremment avec la lumière, les formes intrinsèques des êtres et des choses éveillent par leur aspect des idées qui se rattachent soit au type soit à l'ordre. Ce n'est pas ici le lieu de classer ces aspects divers pour les étudier en détail. Jetons seulement un coup d'œil rapide sur quelques formes qui nous serviront d'exemple.

Prenons les arbres si vous voulez, les arbres si variés dans leur structure. Quelle échelle de significations depuis le groupe d'arbustes presque informes qui bordent la prairie et auquel le soleil prête la beauté de ses rayons, jusqu'au peuplier élancé, au chêne majestueux, au sapin gigantesque, au châtaignier vénérable ! Et quelle source de nouvelles et riches impressions si nous pénétrions dans les forêts luxuriantes de l'Asie et de l'Amérique !

Voyez ce vieux chêne plusieurs fois séculaire, au tronc colossal, aux rameaux énormes et contournés, au feuillage largement étalé tout à l'entour. Evidemment il éveille en nous les idées de force, de puissance, d'énergie et de vitalité. Cette racine tortue, par exemple, qui s'enfonce sous le sol, nous peint bien la vigueur de la sève et son action constante dans la longévité du végétal. Puis examinez ce qui l'environne dans le paysage dont il est le motif principal, et vous découvrirez là mille effets poétiques de contraste et d'opposition entre des végétaux plus faibles et plus caducs, et le colosse dont la force et la longévité semblent défier le temps.

En un autre point, le regard s'arrête sur des arbres qui manifestent plus spécialement l'idée d'élégance. Le profil de leurs lignes est mince, évidé : le signe paraît s'effacer dans la matière aussi tenue que possible pour faire place à l'idée triomphante de la grâce. Cette délicatesse dans l'épaisseur du trait donne à ces formes quelque chose de dégagé, d'aérien, de choisi. Examinez encore le paysage ambiant ; vous y y trouverez une grande variété dans les associations d'effets, et une non moins grande variété dans leurs significations artistiques.

ROLE DES COULEURS

Maintenant que nous avons parlé de la forme et de son rôle dans le paysage, rappelons que celui des couleurs n'y est pas moins important. La couleur, qui relève du mode plastique, a, comme la forme, son type idéal. Très souvent l'éclat et l'harmonie des tons, des nuances et des teintes, suffisent pour conquérir une bonne part de notre admiration, et très souvent aussi, une seule couleur, comme le vert d'une belle prairie, par exemple, enchante nos regards et nous découvre le sens de la beauté, indépendamment de la forme et des convenances accessoires de cette prairie. Aussi arrive-t-il qu'on trouve quelque plaisir à des spectacles qui, très certainement, n'ont pas le mérite de la forme, mais qui excellent par celui des couleurs. Le charme de celles-ci est si grand, qu'au milieu des merveilles du Renouveau, c'est surtout par ses vives et brillantes couleurs que le printemps éveille si vivement notre imagination, et fait battre notre cœur. Bien entendu que l'action du Beau ne nous saisit dans toute la plénitude de son impératif catégorique d'admiration, que lorsque à la beauté des couleurs se joint celle de la forme et celle de la vie.

D'où nous pouvons dire que les objets nous paraissent excellemment beaux, lorsqu'ils nous émeuvent simultanément par leurs formes, par leurs mouvements et par leurs couleurs. Et en dernier lieu que c'est une erreur d'école de vouloir, pour frapper plus fort, faire prévaloir l'un de ces trois éléments, tandis que leur fusion harmonieuse donne seule la somme la plus complète de beauté à laquelle on puisse atteindre dans une œuvre d'art.

QUELQUES CONSIDÉRATIONS SUR CETTE ÉTUDE

Les enchaînements des trois périodes d'élan, d'épanouissement et de chute, qui se présentent couramment à notre observation avec leur cortège de traits significatifs, deviennent dans le cours de la vie des occasions bien diverses de sensations, d'idées et de sentiments.

Nous signalerons en premier lieu la succession des saisons, avec leurs spectacles si variés que chacune d'elles nous offre, en rappelant que l'hiver correspond à la période du repos inséparable de toute évolution périodique engendrée par une force intermittente.

Puis nous citerons la journée qui montre clairement l'empreinte des trois moments essentiels de la durée : le matin, avec l'élan du soleil au-dessus de l'horizon et la mise en œuvre du travail quotidien ; midi, c'est-à-dire la course du soleil suspendu sur nos têtes, tandis que le labeur de l'homme reçoit son plein développement ; le soir enfin, où le globe lumineux s'incline à l'horizon et disparaît, alors que le travailleur s'arrête, et se prépare à goûter le repos de la nuit.

Nous n'entrerons pas dans les détails de ces phases bien caractérisées que nous venons d'indiquer sommairement. Mais le sujet nous amène à dire un mot de quelques effets que les modifications régulières du mouvement de la périodicité, apportent à la marche toujours haletante de l'homme, entre son berceau et sa tombe.

A vingt ans, c'est dans l'espérance et dans la joie que ses jeunes facultés entrent en exercice. L'élan tend les muscles et les pousse en avant. Les idées gaies, compagnes de la jeunesse et de la vigueur, font vibrer des rythmes tout palpitants d'enthousiasme et d'amour. Car à vingt ans, la vie remplie de promesses s'épanouit dans le sourire et dans les chansons.

Plus tard, les soucis de la lutte pour l'existence, le développement des efforts qu'exigent les péripéties d'une carrière virilement poursuivie, au milieu des joies du foyer domestique et des sévères obligations du père de famille, toute cette ardente préoccupation de l'avenir pour soi et pour les siens forme le lot de l'homme parvenu à la maturité et dépensant pour faire son œuvre, les ressources de son intelligence et les énergies de sa volonté. La gravité succède à la belle insouciance de la jeunesse. Le soin vigilant de ses responsabilités assiège son esprit, alourdit son pas, sans toutefois assombrir encore les perspectives de la vie qu'il lui reste à parcourir : car l'austère sentiment du devoir accompli fortifie son cœur, le réjouit dans la prospérité et le rend plus vaillant dans l'épreuve.

Au déclin de la vie, les idées tristes et mélancoliques surgissent inséparables de la caducité et des angoisses de la chute. La défiance morose et taciturne a remplacé l'enthousiasme confiant de vingt ans, et l'exubérante activité de l'âge mûr. La cessation graduelle de l'effort laisse tomber l'élan ; le front s'incline, le corps s'affaisse, la vie a baissé. On marche vers la tombe.

L'ensemble de tous les faits qui s'enchaînent périodiquement, constitue donc la trame des contingences universelles de ce monde, où nous saluons les manifestations éclatantes de la loi sublime de l'ordre.

Maintenant on peut demander : pourquoi l'aspect riant de l'aurore a-t-il disparu ? Pourquoi la journée ne s'éternise-t-elle pas dans le sourire du matin ? Pourquoi ne pas rester toujours à vingt ans, au printemps, au début heureux de toutes choses ? Pourquoi, en un mot, ne point posséder l'intégrité de son être sans intermittence ni défaillance ?

Pourquoi ! Demandez-le à Celui qui a fait la succession des jours et des nuits, qui a créé les saisons, ordonné les phases de la vie humaine, et qui a trouvé que cela était bon, *vidit quod esset bonum*. Pour nous, dont l'investigation actuelle ne s'étend que sur le domaine du paraître, après avoir constaté bien des fois déjà que tout est successif en ce monde, nous reconnaîtrons que le mouvement intermittent de la vie, résultat des périodes de repos, de silence et d'ombre, est une des causes les plus puissantes de la variété dans les traits de l'univers. L'ombre découpe les corps et fait ressortir, par opposition, les jeux de la lumière ; la chute appelle l'élan, le repos l'activité, le silence de la nuit la symphonie de la journée. Et le langage, chargé de traduire nos sentiments avec leurs plus délicates nuances, y puise les éléments expressifs dont il a besoin : 1° pour constituer les langues, mères et voix des relations sociales et des civilisations ; 2° pour conférer à l'art ses magnifiques prérogatives de signification et d'édification esthétiques.

Nous dirons en nous résumant que c'est dans les alternances et les vicissitudes de la durée, que l'art vient inscrire les empreintes de l'ordre et celles du type, toutes les fois que les signes dont il se sert réalisent les qualités de beauté que cette étude s'est efforcée de déterminer.

<hr>

RÉSUMÉ DES CAUSES DE NOS DÉLECTATIONS ESTHÉTIQUES

<hr>

Saint Augustin nous a montré dans son traité sur le rythme (*De Musica*), que l'âme ne se délecte dans les choses successives que par l'égalité qu'elle y découvre et qu'elle y goûte. Mais, à côté du monde rythmique, il y a le monde de la plasticité sur lequel nous venons de jeter un rapide coup d'œil. Or, nous avons vu par exemple, qu'en face des spectacles de la nature, nous éprouvons des sentiments d'admiration tout à fait indépendants de ceux que provoque en nous la perception de l'idée de l'égalité dans le rythme, pourvu que ces sentiments éveillent en nous une certaine idée de la perfection dans le type, ou de la plénitude dans la vie. C'est ainsi que l'immensité de l'espace, la majesté d'un paysage, la grâce d'un site, l'élégance de telle ou telle figure peuvent frapper vivement notre imagination, sans que la périodicité et l'ordre, en tant que ces qualités existent dans ces visions du monde extérieur, soient senties communément par nous d'une façon prépondérante.

Terminons cette étude générale en constatant qu'à côté des faits de la périodicité, et souvent en dehors d'eux, le monde qui nous entoure est pour nous la source d'émotions esthétiques, quand nous percevons dans ses manifestations : 1° les idées des attributs de Dieu, l'Immensité, la Toute-puissance, la Majesté, la suprême Energie, etc. ; 2° les idées de Force et de Grâce, qualités essentielles de l'humanité ; 3° les idées de la forme intrinsèque des objets dans le paysage ; 4° enfin les idées qui se rattachent plus ou moins immédiatement à la vive perception des trois éléments constitutifs de toute vie et de toute durée.

DU RAPPORT DU MELOS AVEC LA PAROLE

HARMONIE

Tant que le verbe occupa une place prépondérante dans la Musique, il ne pouvait être question de faire entendre simultanément deux paroles animées par le Melos, à cause de la confusion qui en serait résultée. Aussi les anciens, qui ont connu et pratiqué dans une certaine mesure les combinaisons rythmiques, ont-ils ignoré la polyphonie et ses lois (1).

A partir du moment où, sous l'influence de causes diverses, la Musique tendit à se constituer en art indépendant de la parole, on entrevit les effets qu'on pouvait tirer de la polyphonie. Les premières tentatives de chant choral furent vraiment bien informes. L'harmonie ne fut fondée au xvi° siècle qu'après avoir passé, comme toutes les sciences en voie de formation, par des phases d'incubation dont l'histoire, encore récente, nous est bien connue.

Alors survint une longue période d'indépendance, je dirai presque de révolte du son contre la parole, où celui-ci usa largement et abusa peut-être des prérogatives de son émancipation. Le procédé musical de nos jours semble marcher à l'équilibre des éléments sonores et intellectuels, et tendre à établir désormais des rapports plus justes et mieux raisonnés entre le Verbe, le Rythme et le Melos (2).

DES VOIX

Leurs caractères. — Leurs fonctions.

En général, on peut dire que l'homme exprime par la voix articulée le verbe ou la parole, qui est distinction.

(1) Chez les anciens, la note était chantée par le chœur à l'unisson ou à l'octave, suivant le cas.

(2) Le Verbe est distinction, c'est-à-dire, qu'il agit par le Rythme. L'Esprit est effusion, c'est-à-dire, qu'il agit par le son musical ou le Melos.

L'expérience démontre que la production de cette voix subit des modifications très sensibles et indiscutables, suivant certaines circonstances que nous allons examiner. En effet, la voix dont je me sers dans la conversation n'offre pas les mêmes caractères que celle que j'emploie quand je récite et quand je déclame. Lorsque je chante, ses caractères sont encore bien plus différents. Et je remarque que les modifications apportées à l'émission de la voix gisent surtout dans la différence de sonorité qui, moindre dans la conversation, s'étend avec le ton de la déclamation et éclate avec le chant proprement dit. Ce sont ces caractères mêmes qu'on désigne, suivant le cas, par ces mots : voix parlante, voix récitante, voix chantante.

Modes d'action de la voix parlante, récitante et chantante. Distinction, accentuation, effusion.

La voix parlante agit par distinction. Elle établit, au moyen des articulations qui la composent, des distinctions entre les divers sons et entre les divers rythmes. Par là, elle leur donne ainsi une signification. Elle les classe, les ordonne, les dispose selon des rapports de grandeur, de ressemblance ou de différence qui révèlent à l'esprit le sens attaché à chacun des traits du discours.

La voix récitante augmente la qualité sonore de la parole ainsi que le nombre ou les mouvements de son rythme sur lequel elle appuie en insistant. Elle accentue donc l'élément musical du discours et l'élément incisif du rythme, et c'est bien par l'accentuation de

la sonorité et du mouvement, qu'elle se distingue de
la voix parlante et qu'elle agit sur l'auditeur.

La voix chantante est la dilatation, l'expansion,
l'épanouissement du son musical et du rythme qui
l'accompagne. L'émoi interne lui communique toute
l'envergure de son mouvement. C'est l'essor de ce qui
est vibration vocale et cadence dans les facultés de
l'individu ; c'est le torrent des ondes sonores qui
monte et s'épanouit sous les lois impérieuses de l'Ordre et de l'Harmonie.

La sonorité de la voix est proportionnelle à l'énergie de l'effort vocal qui la produit. La voix arrive à la
plénitude dans l'expansion de ses qualités, alors seulement que le corps en équilibre peut fournir le concours de toutes les vibrations que l'acte vocal doit
produire dans l'instrument humain. Aussi, le chant,
par la respiration et par les vibrations, exerce-t-il une
influence considérable sur l'économie individuelle.
Nous allons voir, en outre, que des trois modes de la
voix signalés ci-dessus, découlent des manières d'être
différentes dans les états de l'âme qui les perçoit.

*Effets produits par les modes d'action de la voix parlante, récitante
et chantante : attention, distraction, émotion.*

Les trois états physiologiques que nous venons de
constater dans le fonctionnement de la voix parlante,
récitante et chantante, correspondent à trois états
psychologiques dont la voix est à la fois l'organe et
le témoin.

La voix parlante éveille l'attention ; la voix récitante amène la distraction ; la voix chantante fait naître l'émotion.

Voix parlante. — La voix parlante, comme son nom l'indique, réside dans les organes mêmes du langage parlé. Elle exprime excellemment le Verbe par la distinction, et s'adresse à l'Intelligence.

La voix parlante prononce des jugements, émet des affirmations et des négations : elle énonce, elle n'insinue pas, c'est-à-dire qu'elle n'agit point par l'entraînement de la sonorité musicale et rythmique. Il y a bien des impressions et des sensations dans la réception des signes du langage articulé de la voix parlante. Mais l'excitation organique se réduit strictement à la seule impression nécessaire pour solliciter l'éveil de l'attention et le jeu des facultés. Il est bien entendu que nous ne nous occupons pas ici de l'action que l'oraison elle-même exerce sur l'entendement de l'auditeur par l'énonciation des faits et par le raisonnement.

Voix récitante. — Dans la réflexion absolument libre, par exemple, celle du penseur recueilli dans le silence de l'étude, l'âme se replie sur elle-même quand elle veut et comme elle veut. Dans la réflexion suggérée par la voix parlante, elle conserve encore sa froide liberté de jugement à l'occasion du fonctionnement de l'organe vocal qui s'adresse à elle par la distinction. Mais ici déjà le sujet de la réflexion lui est indiqué.

L'oraison insinuante, née de la voix qui récite ou déclame, saisit l'âme tout entière et la conduit comme à son insu à travers les phases diverses et les évolutions du sujet exposé. L'état intérieur qui en résulte est précisément ce que nous appelons la distraction. Par ce fait de la distraction, l'âme, la pensée va donc là où l'entraîne victorieusement le motif récité ou déclamé.

Dans le sens philosophique du mot, la distraction est une sorte de mode d'attente ou de réceptivité. Que de choses peuvent apparaître dans l'âme distraite depuis la lumière de l'Idée, les émotions conscientes de l'Art, jusqu'aux multiples impressions des sens, jusqu'aux suggestions inconscientes qui accompagnent l'état somnambulique. Et quelle foule de degrés, par lesquels la liberté morale passe en s'affaiblissant de plus en plus !

Ce fait de la distraction ainsi entendue, joue un rôle considérable dans le sens du bien ou dans celui du mal, pour la culture et l'édification de l'âme arrachée un instant à la tyrannie de l'habitude. Cependant l'âme reste libre, virtuellement de se soustraire aux entraînements de la voix récitante; mais il faut bien reconnaître toute la puissance captivante de cette voix, pour fixer l'attention sur un sentiment ou sur une idée, et pour ouvrir un champ presque illimité aux opérations spéculatives et à l'imagination, soit par le jeu de la mémoire, soit par l'association des phénomènes de conscience.

Donc la voix récitante, où la note émue fait son apparition par le rythme et par la cadence, par les sons plus musicaux qu'elle emploie, tend à enchaîner mieux que la voix parlante les énergies indépendantes de l'Intelligence. La liberté de l'esprit, sous le coup de la voix récitante, diminue de tout l'emploi que celle-ci fait du nombre et des éléments incisifs du langage. C'est alors que les sentiments se lèvent à l'horizon de l'attention, et commencent à intervenir dans l'exercice des facultés.

Voix chantante. — La voix chantante résulte de la dilatation imprimée au son musical, en même temps que de l'essor donné au Rythme.

La voix chantante manifeste ce qui est intérieur. C'est le mode d'expression de l'émotion que le souffle de l'esprit succédant à la clarté du verbe a suscité délicieusement dans le for intérieur; c'est l'effusion des sentiments qui cherchent invinciblement à se répandre au moyen du langage. Enfin, suprême privilège, la voix chantante, par ses accents lyriques, est vraiment l'émanation même de l'amour. L'amour, cette effluve brûlante dont s'enivre le cœur de l'artiste, cet océan de beauté sans limite dont les flots, débordant sans cesse, soulèvent les élans de son enthousiasme, l'amour, c'est-à-dire, l'ardente sympathie qui enfante seule pour l'avenir l'œuvre marquée au sceau de la Poésie (1).

La voix émue ou chantante résume en elle les caractères de distinction et d'accentuation. Elle possède en plus celui d'effusion. C'est donc la plus parfaite des voix, si l'on considère la somme de ses qualités intrinsèques.

(1) L'être est enfanté par l'amour et dans l'amour.

Hâtons-nous de dire qu'il ne conviendrait pas de classer trop rigoureusement, d'après les voix, les effets ci-dessus mentionnés. Car, par exemple, la nouvelle émouvante transmise par la voix parlante, qui n'est que distinction, peut provoquer accidentellement l'émotion résultant du fait énoncé par l'oraison. Aussi nous ne voulons pas dire que la distraction ou l'émotion procèdent uniquement de telle ou telle voix, par l'économie même de son fonctionnement. Ce que nous prétendons c'est que les trois modes de production de la parole exercent ordinairement une action propre à chacun d'eux, distinction, accentuation, effusion, qui amènent suivant le cas l'attention, la distraction, l'émotion. N'oublions pas d'ailleurs, que, selon les dispositions de chacun de nous, et en vertu d'associations d'idées préexistantes, les mystérieuses profondeurs du moi peuvent subir des modifications inattendues, en dépit des sollicitations artistiques. D'où se tire, soit dit en passant, un argument formel en faveur de l'éducation et des bonnes habitudes.

La science agit par le raisonnement, l'art par l'émotion. L'esprit acquiesce aux vérités du raisonnement, le cœur cède aux entraînements de l'émotion. L'éloquence emploie l'un et l'autre pour déterminer la conviction. Par le raisonnement elle s'adresse à l'intelligence, par le nombre oratoire et par la cadence musicale du débit, elle séduit le cœur, et attire la volonté. Aussi, l'attention, sollicitée simultanément par le raisonnement et par l'émotion, se porte-t-elle à la fois sur les idées et sur les sentiments.

Que l'émotion soit le mode d'acquiescement de la volonté aux sentiments, il suffit, pour s'en convaincre de rappeler, que si l'on veut gagner le cœur, il faut l'émouvoir, et que l'homme intraitable est vaincu, quand on est parvenu à le toucher, et à faire couler ses larmes.

De tout cela il ne faut pas conclure non plus à la fatalité de l'action, soit du raisonnement, soit du sentiment. Le libre arbitre peut s'exercer à l'encontre de l'évidence intellectuelle, et de l'entraînement sentimental, d'autre part, tout le monde sait qu'il ne suffit pas de raisonner pour comprendre, ni d'éprouver des sensations artistiques pour sentir l'émoi. Néanmoins, il nous paraît juste de dire aussi, que le raisonnement et l'émotion, sont les deux modes particuliers et essentiels à l'aide desquels l'homme arrive à concevoir le vrai et à goûter le Beau, sans prétendre, toutefois, répétons le bien, qu'il conçoive forcément le vrai et qu'il goûte forcément le Beau, par la pratique des formules de la science, et par les suggestions de l'art. Combien de gens, l'expérience le prouve, sont rebelles aux vérités, et incapables de sentir, soit par manque de cultures antérieures, soit par défaut d'aptitudes, soit par suite de l'état d'obscurcissement et de trouble qui accompagne inévitablement les désordres moraux, et les abdications de la volonté.

TROISIÈME PARTIE

Évolution de la Musique.

Nous quittons le terrain solide des principes, pour entrer dans le domaine incertain des opinions. Espérons, toutefois, que le peu de lumière entrevue dans ce qui précède, nous permettra d'asseoir quelques jugements sur les problèmes intéressants qu'il nous reste à examiner.

Le mot Musique s'entendait, à l'origine, de tout ordonnancement de la diversité par les premières manifestations des arts libéraux.

Μοῦσαι, les Muses, sens intellectuel des lois qui président à l'essor de l'activité humaine.

La Musique, relevant du nombre par ses éléments successifs, est d'essence périodique.

La Musique est un calcul secret que l'âme fait à son insu. (Leibnitz.)

On compare quelquefois, et avec raison, l'Architecture et la Musique. En effet, la symétrie plastique de l'une correspond à la périodicité rythmique de l'autre, toutes deux, dans leur expansion, étant soumises par le nombre, à la loi primordiale de l'Égalité.

ORIGINE DE LA MUSIQUE

INTERJECTION

Les six premières parties du discours : le Nom,
l'Adjectif, le Pronom, le Verbe, l'Adverbe et la Prépo-
sition témoignent de l'Etre, de ses qualités, de ses
modes, de ses rapports. En les prononçant, on constate leur caractère uniquement objectif.

La septième partie du discours, l'Interjection, se
présente à nous sous un aspect tout à fait différent.
Elle n'a trait ni à l'affirmation de l'Etre, ni à celle de
ses propriétés ou de ses modes.

Tandis que le grammairien reconnaît, d'une part,
que les six premiers termes cités plus haut sont l'expression des idées générales et des idées particulières,
il affirme, d'autre part, que l'Interjection révèle l'état
du sujet concevant ou percevant les idées, leurs modes,
leurs propriétés et leur vie.

Donc, l'Interjection est absolument subjective,
puisqu'elle est l'expression immédiate et directe, le
témoignage spontané de l'état où se trouve le sujet,
sous le coup des impressions qui le modifient.

Aussi, nous considérons les six premiers termes du
discours comme les signes ou agents expressifs des
idées en général, et la septième ou l'Interjection,

comme le témoin des sentiments et des affections nés
à l'occasion de ces idées.

ANALYSE DE L'INTERJECTION

Ce qui nous frappe tout d'abord dans l'Interjection,
c'est l'élévation de la voix et l'allure cadencée du son.

En effet, si nous examinons attentivement cette
partie de l'oraison, nous remarquons : 1° une tendance
constante à la prolongation des voyelles et à leur
emploi sous un mode plus sonore; 2° comme conséquence, l'émission de la voix émue ou chantante ;
3° un rythme senti, souvent irrégulier, parfois abondant; 4° une propension à répéter les mêmes effets
sonores et rythmiques.

Nous désignerons le ton le plus élevé de la voix
propre à l'Interjection par le nom de voix émue ou
chantante. Il est facile de se rendre compte que l'état
physiologique des organes produisant la voix émue ou
chantante par des vibrations plus accentuées, diffère
de celui que l'on constate par exemple à l'énonciation
de l'Etre par le substantif, ou à la récitation uniforme de ses modes et de sa vie par la conjugaison du
verbe.

Quant à l'allure cadencée du son, nous rencontrons
ici cet autre fait d'observation, à savoir que l'émotion
est traduite dans son expansion naturelle par un mouvement d'autant plus cadencé que l'émotion est plus

vive, et en même temps que la voix devient d'autant plus vibrante que l'émoi interne est plus grand aussi.

L'étude de l'Interjection nous fait voir l'origine et le fonctionnement des deux éléments premiers de la Musique, c'est-à-dire du Rythme et de l'Intonation. D'un autre côté, la propension à répéter les mêmes effets sonores et rythmiques, enfante et légitime la répétition des coupes et des effets qu'on rencontre fréquemment dans les œuvres lyriques.

La fusion harmonieuse de l'Intonation musicale et de la cadence ou rythme qui accompagne l'expression de l'Idée, caractérise l'état initial des langues : les races neuves ne séparant point l'expression de l'Idée de celle du sentiment. La Musique, restée longtemps confondue avec la Grammaire, chez les Indo-Européens, ne prit son essor que le jour où le départ s'opéra dans les arts entre l'expression de l'Idée et celle du sentiment. Le savant, en créant la langue de la science, dont il bannit tout ce qui parle au cœur et à l'imagination, travailla du même coup à l'émancipation de la Musique. Celle-ci, libre des entraves du Verbe, put dès lors se constituer en art indépendant de la Parole.

<hr>

DES DEUX ÉLÉMENTS CONSTITUTIFS DE LA PAROLE OU DU VERBE

<hr>

Dans toute langue articulée, le verbe ou la parole, qui en est la matière essentielle, offre un élément sonore la voyelle, et un élément distinctif qui le circonscrit, c'est-à-dire la consonne.

La sonorité d'un mot, sa qualité musicale gît tout entière dans la voyelle. Mais le son voyelle indéfiniment prolongé n'a aucun sens précis. Placez une articulation, et vous introduisez immédiatement un signe distinctif. L'articulation c'est la consonne qui découpe, individualise le son continu, en lui donnant une arête, un contour, partant une signification. Proportionnellement à l'âge de l'humanité et à celui de chaque peuple, proportionnellement aussi aux dispositions phonétiques de la race, l'allure sonore de la voyelle subit de nombreuses modifications.

LE MELOS. — SES RAPPORTS AVEC LE NOMBRE (1)

Nous venons de voir que l'expansion des voyelles est un des caractères de l'interjection.

La voyelle est la partie positive du son. Elle s'épanouit librement, tant que la limite ou le nombre ne vient pas établir de distinction.

Le son qui n'est point gêné dans sa production ni dans son développement, le son qui vibre de toutes

---

(1) *Longior mensura vocis Rythmus dicitur, altior Melos.* AULU-GELLE. *Noctes atticæ*, XVI, 18.

La mesure de la voix s'appelle rythme dans la durée, et melos dans l'échelle sonore. — Rythme, intonation des modernes.

les inflexions que l'émotion lui fait subir par les modifications du timbre ou de l'émission, ainsi que par celles de l'intensité, le son, avec tous ces caractères, est dans sa période d'épanouissement.

Or, cet état d'épanouissement, d'irradiation et de plénitude dans le son considéré en lui-même et dans ses fonctions, a reçu chez les anciens le nom de melos (1).

Le nombre modifie puissamment le melos. Il le façonne, le découpe en mille manières, le présente sous mille aspects, et y traçant d'innombrables figures, le décore de toutes les beautés du rythme et de la cadence.

Le melos, à son tour, donne une voix éloquente et mélodieuse aux évaluations du rythme. Entre tous les agents expressifs de la cadence, le melos est bien celui qui manifeste, avec le plus de perfection, toutes les richesses et toutes les délicatesses du nombre.

Saint Augustin, dans sa lettre à l'évêque Nemorius, déclare, qu'après avoir écrit six livres sur le rythme, il avait eu l'intention d'en écrire six autres sur le melos, s'il en avait eu le loisir. Sans doute, nous eussions trouvé là des notions précises sur cette partie de l'art de ses contemporains, qui reste encore bien obscure pour nous.

(1) Le mot melos se prend en trois acceptions :
1º Son musical en général ;
2º Son musical envisagé dans les faits de l'intonation ;
3º Quelquefois comme matière d'expansion musicale non déterminée, comme embryon d'une intention mélodique.

Dans la pratique, le melos est lié intimement au rythme, condition essentielle de ce qui est successif.

Nous le définirons donc en disant que le melos est le son susceptible de recevoir le mouvement et le coloris, le son modifié par l'intonation, l'intensité, le timbre et le nombre, en un mot, l'élément premier, la matière essentielle qui forme, avec le rythme, la mélodie soit vocale, soit instrumentale née des élans de l'émotion.

INDICATIONS DE LA PORTÉE MUSICALE

En tête des transcriptions du rythme musical découpant et ordonnant le Melos, sur les lignes initiales de la portée et avant les barres de mesure, on place la clef, les signes de la tonalité, les indications relatives à la forme binaire ou ternaire simple ou composée et celles qui déterminent l'allure du mouvement.

Les barres de mesure enserrent entre elles des compartiments de durée réguliers et semblables. Une durée générale se compose évidemment de durées secondaires fractionnelles : ces durées fractionnelles ou moments obéissant à l'ordre, sont réglées par les nombres. Le premier compartiment une fois formé par l'armure de la clef qui en fixe la tonalité, le rythme et le mouvement, devient le type de tous les compartiments subséquents, comme le nombre un sert de modèle à tous les nombres de la numération qui en dérivent. La répétition du premier compartiment se poursuit de par la loi de l'égalité, jusqu'à la fin du morceau, ou quelquefois jusqu'à l'instant où une nouvelle armure modifiant la forme et l'allure du premier compartiment, vient en former un nouveau qui, à son tour, servira de type régulateur au nouvel enchaînement des durées secondaires.

Nous avons vu plus haut que toute durée, quelque petite qu'elle soit, comprend les trois phases de l'élan, de l'épanouissement et de la chute. Ces trois phases se retrouvent donc forcément, quoique envisagées différemment, suivant le mode, dans chacun des compartiments fractionnels de la durée générale dont l'ensemble soigneusement calculé et pondéré d'avance, d'après les lois de l'ordre et de la période, constitue la trame sur laquelle se développe le motif musical. Ce qu'on appelle le temps fort de la mesure correspond au moment de l'élan. L'*anacrouse* est la préparation et l'accentuation du départ initial de l'élan dans l'expansion rythmique.

Les compartiments de durées secondaires, dont l'auditeur ne soupçonne pas l'existence, forment en se déroulant dans le temps, un tissu géométrique sur lequel viennent s'inscrire les figures du Melos animé par le rythme. Observez donc l'intégrité de toutes ces aires rythmiques par les artifices du nombre et par les silences mêmes.

Ce que le rythme ne saurait faire sans faute, c'est de laisser imparfaitement écoulés, par excès ou par manque, un ou plusieurs de ces compartiments de durée harmonieusement choisis, et disposés pour servir de cadre aux libres évolutions de la mélodie.

A cette condition, votre œuvre s'avancera dans l'ordre, toute soumise à la nécessité inéluctable de procéder par durées égales, mais toute resplendissante des charmes de la grâce que l'eurythmie, toujours libre dans ses évolutions, saura lui dispenser à profusion.

Les notes de la mélodie, qui est indépendante par essence, tracent leurs méandres sonores à travers les barres de mesure. Ces notes reçoivent une impulsion de chacun des moments caractéristiques de la périodicité, soit qu'elles correspondent directement à ces moments par leur propre accentuation, soit qu'elles en ressentent les effets par le jeu simple et naturel des évolutions de la durée. Mais la mélodie possède toutes sortes de ressources pour éviter la monotonie, échapper à la raideur géométrique et à l'uniformité de l'accentuation. Avec l'artifice de l'anticipation, de la prolongation et du retard, elle esquive la régularité du frappé périodique de l'élan, et celui de l'affaissement non moins périodique de la chute. Avec la syncope, elle change l'élan de place, le multiplie ou le supprime temporairement. Dans tous les cas, elle ne doit être gênée par aucune entrave qui contrarierait son développement, ni supporter de la part des compartiments de la durée aucune contrainte attentatoire à son évolution absolument libre dans le sens de la Force ou dans celui de la Grâce.

DE LA PHRASE ET DE LA PÉRIODE RYTHMIQUES

Dans le règne animal et dans le règne végétal, tous les êtres qui vivent ou végètent sont individuels, c'est-à-dire, possèdent au point de vue du paraître des contours qui déterminent leurs formes nécessaires, et les font distinguer les uns des autres. On est donc autorisé à dire que la forme est le signe de l'individualité, comme l'individualité est le signe de la vie.

Or, la loi de la vie c'est l'agroupement des éléments divers autour d'un point central, en vue de créer l'unité ou l'individualité, avec l'intégrité pour règle stricte de constitution. Aussi la forme, la figure, le contour, le dessin s'imposent-ils rigoureusement aux groupes rythmiques et sonores. Ne pas diviser son sujet en phrases, ne pas ordonner ses phrases en périodes, c'est méconnaître la loi fondamentale et indiscutable du respect de l'individualité dans la création artistique.

C'est pourquoi les durées successives de sonorité dont se compose une œuvre musicale régie par les prescriptions de l'art, doivent être disposées nécessairement en collectivités ou groupes qui se réunissent, eux aussi, pour obéir à la loi de la Vie, en formant un tout sonore et rythmique, ce qu'on appelle une phrase de musique. Cette phrase de musique renferme et résume le sens des successions diverses dont elle est née, et par cela même qu'elle est une durée, elle présente *in facto*, un commencement, un milieu, une fin, *in fieri*, un élan, un épanouissement, une chute.

Plusieurs phrases rythmiques ou musicales reliées entre elles, forment ce qu'on appelle en littérature une période. Période de περίοδος des Grecs, *circuitus* des Latins, signifie un enchaînement de membres de phrases ou colons. Période de deux membres, chez les Latins *bimembris*, chez les Grecs δικῶλος, de deux colons; période de trois membres, chez les Latins *tri-membris*, chez les Grecs τρικῶλος, de trois colons. Période de quatre membres, chez les Latins *quadri-membris*, chez les Grecs τετρακῶλος de quatre colons. Dans la rythmique des anciens, on ne dépassait pas l'agroupement périodique de quatre colons ou membres de phrase.

Les groupes rythmiques ainsi formés doivent pour réaliser la loi de l'Ordre, se mouvoir dans un cadre, ou espace de temps exactement mesuré. Il faut donc qu'ils payent la dette rigoureuse de l'intégrité, à mesure qu'ils s'avancent à travers les moments successifs de la durée ordonnés par le nombre, ce faisant soit par les articulations, soit à l'aide de silences et de repos harmonieusement disposés comme le fait remarquer saint Augustin. (*Loco citato*, chap. du « Silence ».)

La phrase rythmique et musicale, qui évolue au sein de la durée générale, exprime une idée et revêt une forme. Ajoutons que de plus elle a un mode, puisque, d'après Aristode, rien ne se fait sans mode.

Comment vont se comporter vis-à-vis de la durée, ces groupes libres d'articulations, de silences et de repos, exactement disposés selon la mesure du temps choisi, et payant rigoureusement la dette de l'intégrité ?

FORMES ET MODES

Toute matière artistique a une forme, et toute forme a un mode.

La matière du rythme est le son, le geste et tous les agents quelconques expressifs du mouvement. *Quid ?*

La forme ou figure du rythme est binaire ou ternaire. *Quot ?*

Son mode est lent ou vif. *Quomodo ?*

FORME OU FIGURE
FIGURE BINAIRE — FIGURE TERNAIRE

L'étude de la constitution des nombres montre que toutes les séries numériques tirent leur origine du nombre deux et du nombre trois. (SAINT AUGUSTIN, *De Musica*, liv. Ier). C'est pourquoi les évolutions rythmiques, quelles qu'elles soient, affectent ou la forme binaire ou la forme ternaire, dont les combinaisons sont indéfinies.

La forme binaire, affirmative de la limite, traduit l'action et exprime la Force et l'Elan. C'est la Vie s'appuyant sur les articulations pour progresser dans l'énergie et dans l'effort viril.

La forme ternaire est explicative des trois moments de la durée. Elle est particulièrement le procédé de l'épanouissement et de la grâce, partant de l'inspiration, du désir et de la prière. La forme ternaire c'est la voix de la Vie racontant complaisamment les conditions de l'existence intime de tout ce qui se meut au sein de l'Ordre, dans l'espace et dans le temps.

GENRE LIMITATIF — GENRE ONTOLOGIQUE

De là, découlent deux genres de formes rythmiques irréductibles, que nous nommerons le genre limitatif et le genre ontologique.

Le genre limitatif est expressif de la limite par l'impression prédominante qu'il donne du retour incessant et périodique de l'être et du non-être.

Le genre ontologique est expressif spécialement des trois moments essentiels qui constituent l'être rythmique. Dans ce genre, l'impression de la limite est atténuée par celle beaucoup plus prépondérante de la succession des trois phases de la durée.

Le genre limitatif a pour caractère d'être affirmatif,

le genre ontologique a celui d'être explicatif ou enthousiastique.

Le genre limitatif traduit le mode binaire ou de l'action, comme le genre ontologique dénote le mode contemplatif ou des idées.

On comprend toute l'importance de cette distinction, pour discerner judicieusement le genre que le sujet réclame.

Le genre ontologique ou enthousiastique donne naissance au lyrisme et à ses différentes espèces. Le genre limitatif ou affirmatif enfante le récit ou le drame poétisé.

GENRE ONTOLOGIQUE

LYRISME
DE L'ENTHOUSIASME

On entend par lyrisme :

1° Un état d'âme né de l'admiration et de l'enthousiasme qui en découle ;

2° Le caractère des œuvres de l'artiste et du poète ému par l'admiration.

D'où vient l'enthousiasme ?

L'enthousiasme naît de l'émotion esthétique. Toute émotion n'est pas accompagnée d'enthousiasme.

Pour qu'il y ait enthousiasme, il faut que l'émotion provienne de l'admiration, dont l'effet consiste à arracher l'âme passagèrement aux tyrannies de l'habitude présente, et à la mettre en vibration.

Voici deux définitions que nous croyons utile de citer ici pour éclairer notre sujet :

« Enthousiasme (ἐνθουσιασμός) inspiré de Dieu, sorte d'enivrement qui élève en quelque sorte celui qui l'éprouve au-dessus de lui-même. L'enthousiasme est un phénomène purement spirituel, tandis que l'exaltation est ordinairement liée au tempérament.

« L'enthousiasme pousse à agir.

« L'admiration est un sentiment que fait éprouver à l'âme ce qui est beau ou grand, soit au physique, soit au moral. » (Dupinay.)

Le motif enthousiastique étant le fait d'un mouvement purement esthétique vers ce qui est beau, grand, noble, ou généreux, il ne faut pas le confondre avec le motif moral ni avec le motif logique dont il diffère absolument.

Par exemple dans la bataille, le motif du devoir et de l'amour de la Patrie excite le soldat à combattre. Mais pour faire converger toutes les forces de son être vers le but qui est la victoire, on cherche encore à éveiller en lui par la musique, le motif de l'état enthousiastique.

Ainsi, l'enthousiasme, cause du lyrisme a pour raison d'être le développement intime de sentiments nés à l'occasion de la perception d'idées provoquant l'admiration.

CLASSIFICATION

Le lyrisme, enfanté par la contemplation de l'idée de l'Etre Absolu, prend plus particulièrement le nom de lyrisme religieux. Son objet est, d'une part, les notions nécessaires qui gisent au fond de notre raison, notions que la philosophie dégage et met en lumière ; d'autre part, les notions révélées que le Christianisme enseigne aux Sociétés modernes sous le nom de dogme. L'Ode primitive, l'Invocation, l'Hymne, le Cantique et le Psaume sont les voix du lyrisme religieux.

Témoin intelligent de la grandeur des spectacles de la Nature, l'homme sent la beauté repandue en l'Univers. L'émoi qui en résulte a reçu le nom de Poésie, quoique ce nom convienne aussi à tous les états de l'âme suscités par l'émotion lyrique.

L'action de certaines forces naturelles sur notre organisme, provoque en nous des mouvements internes d'une sorte toute spéciale, que les anciens désignaient sous le nom d'orgiaques. Il faut ranger ces mouvements dans la catégorie des faits lyriques, parce qu'ils ne proviennent ni de l'activité, ni de l'action du drame sur notre intelligence.

Enfin la connaissance, le désir, la privation ou la jouissance de certains biens que nous découvrons dans la société soit morale, soit physique de nos semblables, deviennent la source d'une foule d'émotions

lyriques dont une famille importante a pris le nom de
Poésie élégiaque.

Cette famille, plus nombreuse chez les anciens que
chez les modernes, comprenait à l'origine les hymnes
guerriers.

GENRE LIMITATIF

DRAME

Sur les impressions diverses du lyrisme, l'homme
à son tour se détermine, veut et agit dans l'exercice de
sa libre intelligence et de son imagination. De là sort
le drame ou l'action, qui représente l'intervention de
la volonté, sa réaction sur les faits du lyrisme quels
qu'ils soient.

La naissance du drame dans une Société, indique
toujours le moment où celle-ci commence à compter
dans son patrimoine assez de loisir, assez de culture
intellectuelle et morale, pour affirmer et développer
dans ses membres le jeu de la personnalité humaine,
au moyen des arts et de la littérature.

Dans la pratique de l'Art, le poète doit tenir compte
des mobiles qui ont suscité l'action. Aussi ne peut-on
laisser de côté les faits du lyrisme, qui viennent forcément se mêler à sa trame. Et que le drame ne s'en

plaigne pas trop, puisque c'est d'eux qu'il reçoit son plus vif éclat, et sa forme la plus saisissante.

C'est en ce sens que Victor de Laprade enseignait dans son cours de littérature que, eu égard à la poésie, une œuvre d'art ne vaut qu'en proportion du lyrisme enfermé en elle.

Ne croyant pas pour de multiples raisons, à l'affirmation paradoxale du philosophe allemand « la musique n'acquiert toutes ses qualités qu'en devenant dramatique » nous laissons de côté l'examen du drame musical qui est, en ce moment, l'objet des plus ardentes controverses. Nous retenons l'étude du lyrisme et des faits qui s'y rattachent.

———

MODES RÉSULTANT DE L'ALLURE DU RYTHME
LENTEUR — VITESSE

———

Ces figures ou dessins aux formes binaires ou ternaires ont une allure, c'est-à-dire un mouvement plus ou moins vif, plus ou moins lent.

Comment nous rendre compte du vif et du lent dans le mouvement ? Comment le mesurer ?

Nous savons que pour mesurer une chose quelconque il faut prendre une unité de grandeur, un point fixe de comparaison, auquel on puisse rapporter, par exemple dans le cas qui nous occupe, toutes les allures issues du mouvement. Avons-nous cette unité de mesure, ce terme de comparaison ?

Remarquons, d'abord, que dans les évolutions de la Nature nous ne percevons que très imparfaitement, par nos sens, les effets du mouvement. Ainsi nous savons d'après les calculs astronomiques, que la terre parcourt chaque jour 600.000 lieues en suivant l'orbite terrestre. Or nous le savons par l'affirmation de la Science, mais nous n'en trouvons dans nos sens aucun témoignage, et la preuve, c'est que pendant de longs siècles on a cru que c'est le soleil qui tourne autour de la terre immobile.

Nous nous occupons ici du seul mouvement que nous pouvons apprécier actuellement. Nous laissons de côté les successions astronomiques telles que les saisons, les lunes et les jours. La parfaite régularité de chacune de ces successions enlève, pour ce qui tombe sous nos sens, toute idée de différence et de distinction dans l'allure des diverses durées dont elles se composent.

L'homme, en présence des phénomènes de la pesanteur et des évolutions de la vie animale, faits beaucoup mieux appropriés à sa taille, conçoit sous un point de vie particulier, l'idée de rapport entre les divers mouvements considérés non plus dans leur grandeur ou leur énergie, elles-mêmes, mais dans leurs modes de succession ou leur allure. Il donne à ceux-ci l'attribut de lenteur, et à ceux-là l'attribut de vitesse.

L'idée de lenteur et l'idée de vitesse n'ont en elles-mêmes aucun caractère absolu. Il n'y a pas un point fixe où cesse la lenteur et où commence la vitesse. Ces idées sont deux principes contradictoires dont l'un éclaire l'autre, principes qui n'offrent un sens que parce qu'ils se présentent en opposition dans notre esprit et y établissent forcément un jugement de contradiction.

Quand il s'agit d'apprécier l'allure d'un mouvement et que pour l'exprimer on cherche dans la langue l'opposé du mode désigné par le mot *vite*, on trouve immédiatement le mode que caractérise le mot *lentement*. Donc on peut dire que la vitesse est l'opposé de la lenteur, ou en d'autres termes que la vitesse et la lenteur sont les deux pôles du mouvement.

On se sert généralement du mot *vitesse* pour désigner les différents modes de l'allure du mouvement. Et pourtant avec un peu de réflexion on découvre que l'emploi de ce mot dans certains cas est loin d'être judicieux, lorsque vitesse est pris improprement pour synonyme d'allure, puisque vitesse n'est qu'un des modes essentiels de l'allure. On ne saurait dire une vitesse lente, de même que vitesse rapide serait un pléonasme. D'autre part, il est impossible de séparer l'idée de vitesse de celle de célérité. Aussi la langue se refuse-t-elle à admettre le mot *vitesse* pour exprimer les modes lents du mouvement, lesquels ont bien droit à une appellation spéciale aussi bien que les modes *vites* ou rapides.

DÉFINITION DE LA VITESSE

Métaphysiquement, le mouvement est né du manque d'ubiquité.

L'omniprésence exclut toute idée de déplacement.

Le mouvement, c'est la translation ou le déplacement de limites en limites. C'est donc, au fond, l'affirmation de l'imperfection, le signe évident du manque d'être absolu dans une certaine mesure. Nous avons établi, en commençant, de quelle manière ce signe de l'imperfection peut se transformer, avec le secours de l'ordre, en agent producteur de la Beauté artistique. Nous savons aussi que l'élément rythmique entre en mouvement et participe à la vie lorsqu'il reçoit l'impulsion d'une force, et nous avons montré que cette impulsion est toujours réglée par l'énergie et le mode d'action de cette force. De là naît l'allure. *Allure*, qui vient du verbe *aller*, caractérise donc le mode du mouvement ou de la translation d'un point en un autre.

L'allure, qui dénote le vite ou le lent, s'entend aussi du caractère qu'elle imprime à l'agent expressif du mouvement. C'est même avec cette nuance spéciale de signification que le mot allure est employé le plus généralement.

L'allure se mesure sur le temps écoulé en franchissant telle distance déterminée, ou réciproquement en mesurant la distance parcourue en tel temps et en comparant ce temps et cette distance à tel autre temps, à telle autre distance. En d'autres termes, un mouvement, qui se projette entre deux points fixes, est dit plus lent qu'un autre, lorsqu'il met un temps plus long pour accomplir son évolution.

L'exemple suivant expliquera ce que nous venons de dire sur l'allure :

Un cheval au petit pas met un certain temps pour aller de tel lieu à tel autre. Son allure est calme : il marche lentement.

Au trot il met beaucoup moins de temps pour franchir la même distance. Son allure est vive : il trotte vite.

Au galop, il met un temps encore moindre ; son allure est très vive. Il galope très vite.

Par ces observations et par d'autres analogues, on arrive à saisir très facilement les idées relatives de la lenteur et de la vitesse.

Autre définition de la lenteur et de la vitesse tirée de la considération des trois éléments essentiels de la durée.

Mais il est une définition des deux modes de l'allure que nous pouvons tirer des observations présentées plus haut sur les éléments essentiels de la durée. Nous la formulerons ainsi :

Dans l'œuvre artistique, un mouvement est d'autant plus lent qu'on éloigne davantage l'impression de la détermination des trois moments de la durée, et d'autant plus vite qu'on les rapproche davantage.

De plus, sur cette voie, en poussant plus loin nos

investigations, nous trouverons la solution de ces deux problèmes : d'où vient le mouvement lent ? D'où vient le mouvement vite ? Problèmes qui restent ordinairement sans réponse satisfaisante, et dont nous allons voir la claire signification.

Dans la projection à travers l'étendue, nous trouvons deux éléments essentiels : la ligne droite et la ligne courbe, dont les combinaisons indéfinies donnent toutes les formes linéaires possibles. Nous constatons également dans la projection à travers la durée, deux modes essentiels, le vite et le lent, dont les combinaisons fournissent aussi toutes les allures possibles des formes intrinsèques du rythme.

MOUVEMENT VITE

Le mouvement vite est engendré par l'élan qui suit la ligne droite, c'est-à-dire, le chemin le plus court d'un point à un autre. Pourquoi l'élan suit-il ce chemin le plus court ? Parce que l'énergie initiale se ramasse, se résume, se concentre, pour se projeter avec célérité : comme si, avare de sa force, elle craint de la laisser perdre dans un retour sur elle-même. L'élan a pour mission d'apporter la force à la période de l'épanouissement ; il doit la fournir dans toute son intégrité. Messager fidèle, consciencieux et zélé, il va droit au but assigné, et accomplit son œuvre, sans se détourner en quoi que ce soit.

Suivant l'ancien étymologiste Ménage, vite vient de *vegetus*, vif, alerte, actif ; or l'activité, la vivacité sont bien le propre de la force qui s'élance.

Dans l'élan, la vie projette ses effusions d'autant plus efficaces qu'elle est elle-même plus active, car nous avons dit plus haut, que la grandeur de l'impulsion donnée et reçue, dépend de l'énergie de la force qui la communique. L'allure de la vitesse qui, témoigne de l'énergie actuelle de l'impulsion, témoigne donc aussi de celle de l'élan. De même l'allure de l'épanouissement manifeste le développement des richesses de la vie contenues dans l'énergie que l'élan lui a fournie. On peut dire en ce sens que l'élan signifie *causalité* et l'épanouissement *modalité*.

MOUVEMENT LENT

Le mouvement lent est né de l'épanouissement. Ici, la force maîtresse d'elle-même, se possède, se répand, s'irradie, à son aise, sans contrainte, évoluant dans la plénitude du mouvement, tantôt calme, tantôt plus animée, entre des signes de distinction suffisamment espacés. Point de hâte pour arriver à à son terme, mais une évidente satisfaction de s'épancher et de s'épanouir sans précipitation. Cette allure est la plus parfaite des deux, puisqu'elle est celle de la grâce, que nous avons définie la perfection du mode des éléments engagés dans l'ordre. Remarquons, de plus, qu'elle est la raison d'être de l'élan qui ne se projette en avant que pour enfanter l'épanouissement.

Le mot lent vient de *lentus*, qui se prend dans deux acceptions. Nous trouvons la première dans un vers de Virgile :

« *Quantum lenta solent inter viburna cupressi.* »

Et la seconde dans cet autre :

« *Tu, Tytire, lentus in umbra.* »

Flexible, calme et reposé. La viorne qui s'enroule rappelle l'idée de la ligne courbe. Le berger qui se repose, la détente de l'effort, et non le sommeil ni l'inaction, puisque le poète ajoute immédiatement :

« *Formosam resonare doces Amaryllida sylvas.* »

Ainsi, la ligne courbe implique l'idée d'épanouissement, et la ligne droite, celle d'élan ou d'effort. L'étymologie correspond donc bien à la définition que nous venons de donner de ces deux lignes, et aux caractères de l'élan et de l'épanouissement qui en découlent.

Le mouvement du monde sidéral est dans son épanouissement, car nous le voyons engagé en des courbes qui forment les orbites des corps célestes. Bien que nous ne sachions absolument rien de l'énergie des causes premières dans l'Univers, nous concevons, en voyant son admirable harmonie, que le mouvement imprimé initialement s'épanche avec régularité suivant ces voies d'équilibre qui engendrent l'ordre merveilleux dans la révolution des mondes. Il nous paraît d'ici-bas que, dans les profondeurs infinies de l'éther, ces myriades d'étoiles aux lointaines et mystérieuses lueurs, évoluent au sein de la grâce et de la plénitude de leurs mouvements. La rapidité de leur course à travers l'espace semble inouïe à l'homme, dont le mode de déplacement, si petit et si limité, par rapport à celui des astres, n'offre aucun point de comparaison avec le déplacement proportionné à la masse énorme des corps célestes. C'est pourquoi, il nous est impossible de juger de leur mode d'épanouissement, eu l'égard à l'ensemble des êtres de l'Univers. Mais quoi qu'il en soit, le spectacle des faits astronomiques nous montre leur régularité majestueuse, qui révèle une force maîtresse d'elle-même, traçant dans l'empyrée des figures rhythmiques, toutes empreintes des grâces de l'ordre et toutes resplendissantes de l'imposante beauté inscrite en leurs retours immuables.

Les distinctions dans l'allure ont apparu assez tard dans les indications musicales de la portée, lorsque les Italiens créèrent leur nomenclature des vitesses : *allegro*, *presto*, *vivace*, etc.; et celle des lenteurs : *adagio*, *largo*, *lento*, etc. Auparavant, les effets de l'allure pouvaient et devaient exister, mais il n'étaient point notés. L'invention du métronome a précisé scientifiquement pour le musicien, le degré exact dans l'allure, que les termes italiens n'indiquaient qu'approximativement.

EFFETS DE LA VITESSE ET DE LA LENTEUR
SUR L'AME

Si nous cherchons maintenant l'effet produit sur l'âme par la vitesse et par la lenteur, nous remarquerons que le mouvement vite, né de l'élan, sera plus spécialement représentatif de l'effort, de la volonté et des faits qui découlent de son exercice, tandis que le mouvement de la plénitude dans l'être sonore caractérisera plus volontiers le monde des idées et des sentiments qui s'épanouissent dans l'intelligence et dans le cœur de l'homme, à la suite de l'émotion lyrique.

D'où nous tirerons alors : 1° le mode actif ou de la volonté, mode humain né de l'action et représentant les volitions ; 2° le mode contemplatif ou de la lenteur, caractéristique de l'émotion lyrique qui engendre les idées et les sentiments.

L'articulation rythmique, avons-nous dit plus haut, remplit deux fonctions : 1° elle est limite ou trait de distinction ; 2° elle est signe ou trait d'expression par sa position dans l'ordre, et partant signe figuratif d'une forme ou d'une idée.

Quand, par l'allure du rythme, on rapproche les traits de distinction, on s'avance dans la durée comme par bonds et par efforts successifs. C'est le mode humain par excellence, disons-nous, parce qu'il est le mode de l'activité.

Quand on éloigne les traits de distinction, de manière à ne les faire apparaître et sentir que pour étayer dans l'ordre les cadences expressives de la forme, on s'avance à travers la durée comme pas à pas, et pour bien goûter les diverses parties de l'œuvre rythmique et sonore qui s'offre à notre admiration.

Ce mode est celui de la grâce, puisque, entre chaque distinction, s'épanouit librement une période des figures du rythme. Dans le mode actif, cette petite période d'épanouissement entre chaque limite, qui représente la partie positive de l'être sonore, est d'autant moins développée que les bonds de l'élan se succèdent plus rapidement, déterminés qu'ils sont par les rapprochements des traits de distinction, à la fois jalons et ressorts du rythme.

Ces deux manières d'être du rythme, la vie par l'élan, la forme par l'épanouissement, provoquent dans l'âme, par une sympathie mystérieuse, deux modes généraux dans l'exercice de ses facultés. L'un se tire de tout ce qui a sa racine dans l'émotion lyrique, en tant que contemplative ; l'autre, de tout ce qui est enfanté par l'action, c'est-à-dire par sa cause, la liberté morale, se déterminant au milieu du choc des passions.

Le rythme, qui est mouvement, enveloppe l'âme de ses cadences, et lui en communique fatalement la forme, dont la limite, inséparable de tout ce qui se meut dans le temps, lui donne le sentiment. L'âme, comme l'Océan, subit toutes les influences de l'atmosphère qui l'environne. Tantôt la tempête y soulève les flots, et les déchaîne en mugissant, tantôt le zéphir trace à peine une ride légère sur l'azur de son miroir, où viennent se refléter dans la paix les images que le ciel lui envoie. Par les impressions que le rythme communique à sa sensibilité, et par les émotions diverses qui en résultent, l'âme éprouve des séries de modifications qu'on peut ramener à deux catégories : nous donnons à l'une le nom d'état calme, et à l'autre celui d'état agité. Il appartient à l'artiste de surveiller scrupuleusement le mode d'excitation dont il use à l'égard de la sensibilité, ayant grand soin de produire l'agitation ou de faire naître le calme, suivant l'impression qu'il veut et doit communiquer légitimement au sens de l'auditeur.

Ainsi, à la suite de ces diverses modifications psychologiques, l'âme goûtera la paix dans la sérénité, ou bien elle sera troublée et bouleversée par les sentiments violents qui s'agitent en elle. Mais si nous avons dit plus haut que les impressions rythmiques jouent vis-à-vis des mouvements de l'âme un rôle analogue à celui de l'atmosphère vis-à-vis des flots de l'Océan, hâtons-nous d'ajouter, avec cette différence, toutefois, que l'homme est capable de réagir par sa libre activité contre ce qui l'environne, parce qu'il est doué du privilège de pouvoir dompter ses passions. S'il ne peut, le plus souvent, supprimer les causes d'agitation et de douleur, il peut au moins les dominer (1), et répéter ce mot que le poète met si superbement sur les lèvres d'Auguste :

Je suis maître de moi comme de l'Univers.

(1) A l'appui de cette thèse que nous venons d'établir sur la

DE LA MESURE

Nous avons vu ce qu'on entend par compartiment de mesure sur la portée et nous avons étudié les successions rythmiques et sonores, lorsqu'elles s'élancent dans la durée sous la forme binaire et sous la forme ternaire, sous le mode lent et sous le mode vite. Examinons maintenant avec attention ce que c'est que la mesure musicale en elle-même.

La mesure, avons-nous dit plus haut, est la distribution régulière du temps fort ou de l'élan dans ces compartiments fractionnels de la durée, distribution affectant la forme binaire ou la forme ternaire, et d'où résulte, selon le cas, soit le genre limitatif, soit le genre ontologique.

L'articulation du temps fort, de deux en deux ou de trois en trois, caractérise la mesure, et sa répé-

différence essentielle dans l'effet des modes de l'allure, nous citerons le fait qu'on appelle l'extase par la musique. Nous appelons toute l'attention du penseur sur cette très curieuse expérience.

Le sujet magnétisé, mis en extase par une mélodie lente et calme, s'irrite, frappe du pied, tombe dans une crise, quand le mouvement musical s'accélère et prend une allure vive. Si le fait que nous citons, étant étudié soigneusement, se représente avec constance, il pourra fournir des lumières sur les conditions que réclament les modes recueillis ; et il justifiera, d'une manière non moins éclatante la théorie de la différence radicale qui existe, en rythmique et en musique, entre le mode lent et le mode vite.

tition classe la forme ou binaire ou ternaire du rythme. Le temps fort indéterminé entraîne l'incertitude dans la mesure. Mais la syncope, proprement dite, qui produit la variété, n'amène jamais après elle ni l'équivoque, ni l'obscurité.

Les successions de durées bien enchaînées sous le rapport du temps fort, soit dans la forme binaire, soit dans la forme ternaire, constituent comme un canevas sur lequel l'artiste trace le dessin rythmique. Celui-ci, d'après le genre choisi, reçoit de la succession du temps fort ainsi ordonné de deux en deux ou de trois en trois, tous les caractères particuliers au genre limitatif ou au genre ontologique.

Mais, disons-le bien haut, ces prescriptions sur l'observance rigoureuse de la mesure, n'impliquent en rien l'asservissement du rythme à la disposition graphique des traits de celle-ci, figurés sur la portée. Dans ce cadre ainsi arrêté, la phrase musicale, tracée au-dessus de ces compartiments égaux et successifs, conserve sa pleine liberté de revêtir toutes les formes possibles, et d'évoluer à travers et à l'aide de toutes les valeurs ou grandeurs de durée, soit articulées, soit comptées en silence. Le contraire serait absurde et en flagrante contradiction avec la pratique des Maîtres. Bien plus, c'est dans cette seule indépendance que la phrase rythmique puise sa qualité suprême qui est la Grâce, c'est-à-dire la liberté et l'aisance élégante dans le mouvement et dans le contour.

Cette entente de la durée ainsi divisée en compartiments égaux, est évidemment le fait d'un art raffiné,

Telles ces dispositions graphiques de traits réguliers, formant un tissu quadrillé sur le carton où l'artiste trace son esquisse. L'œil du spectateur ne saurait en découvrir la trace sous l'exécution définitive du dessin ou de la peinture, pas plus que l'oreille de l'auditeur ne perçoit le tissu des compartiments de mesure à travers lesquels évolue l'œuvre mélodique et rythmique. Dans l'un et l'autre cas, ces traits sous-jacents ne sont qu'un canevas invisible, sur lequel l'imagination vient broder ses fantaisies.

La musique trouve, dans l'enchaînement régulier de ces compartiments, un secours puissant pour fixer sur le papier, d'une façon nette et intelligible, la trame compliquée des œuvres modernes. En même temps, elle s'en sert pour guider utilement et sûrement l'exécutant, à qui elle offre tout un ensemble de points de repère, sans lesquels la reproduction correcte d'une pièce symphonique serait absolument impossible. Avant l'époque où fut employé cet artifice des compartiments de mesure, créé sans doute par l'inexorable nécessité de mettre de l'ordre et de la clarté dans les moyens d'exécution à mesure que les œuvres polyphoniques devenaient plus touffues, l'accentuation du temps fort était le seul moyen pour classer dans l'ordre les simples successions sonores et rythmiques des âges primitifs.

La similitude dans la durée de ces compartiments de mesure inscrits à la suite les uns des autres, est imposée par le mouvement naturel de prolation qui enchaîne les nombres les uns aux autres. Ce mouvement obéit à une loi contre laquelle le sens ne saurait s'insurger, la loi intangible de l'égalité qui établit sa juste maîtrise sur tous les faits relevant du successif.

Actuellement il est une mesure, ou pièce du canevas rythmique, qu'on emploie assez rarement : c'est la mesure à cinq temps dont on crut naguère tirer des effets merveilleux. Elle est formée par l'accouplement de deux éléments rythmiques inégaux, l'un binaire et l'autre ternaire. Cette mesure rentre dans la catégorie des nombres appelés Sesques, qui sont moins favorables à la claire perception du rapport des nombres entre eux, et pour cela moins employés. Cependant, le retour régulier de deux formes différentes, l'une binaire, l'autre ternaire, associées constamment, peut figurer très légitimement dans un enchaînement périodique, parce que la série de ces successions établit l'égalité entre ces mesures peut-être un peu imparfaites en elles-mêmes, mais toutes semblablement ordonnées.

***

BATTEMENT DE LA MESURE
ARSIS ET THÈSIS

***

On se sert du mouvement de l'avant-bras ou de la main, pour marquer le temps fort et le temps faible de la mesure. Ici, nous rencontrons une différence radicale entre la coutume des anciens et celle des modernes. Longtemps ignorée, cette différence a jeté beaucoup de confusion dans l'interprétation des anciennes mélodies. Nous voulons parler de la manière d'entendre l'interprétation de l'Arsis et de la Thésis.

On nomme Arsis le mouvement de la main qui se lève pour marquer le départ de l'élan, et Thésis le mouvement de la main qui se baisse pour en signifier la chute. Cette manière de battre la mesure, le contraire de la nôtre, est, avouons-le, bien plus logique et plus naturelle. Quand l'élan produit le temps fort ou accentué, c'est-à-dire quand arrive le moment de l'effort, la main fait cet effort et se lève ; quand l'élan cesse, la main tombe pour se soulever de nouveau à la reprise de l'élan.

C'est au moyen du battement de la mesure, que l'on régularise, dans la durée, la distribution normale des aires rythmiques, soit particulières, soit générales, et qu'on établit la prolation bien ordonnée des éléments de la phrase sonore. C'est aussi par ce moyen qu'on sauvegarde l'intégrité de ces aires, en observant scrupuleusement leur grandeur légitime, c'est-à-dire, en évitant avec soin ce qui manque de proportion, ce qui est boiteux et informe toutes choses que nous répudions instinctivement, comme nous l'avons vu plus haut.

Existe-t-il en musique une sorte d'art dont les aires rythmiques ne puissent être cadencées à l'aide du battement de la main ? Si pareille musique a existé, elle n'a dû être pratiquée que dans les sociétés les moins cultivées ou absolument décadentes. Saint Augustin dans son traité *De Musicâ*, non seulement ne fait au-

cune allusion à ce genre de musique, mais encore il
établit que l'agencement rythmique le plus simple a
pour mesure un pied, et que ce pied engagé dans les
successions temporaires, doit avoir une grandeur
telle, qu'elle lui permette de s'associer harmonieusement avec un autre pied. C'est d'ailleurs, d'après ce
principe unique et fondamental de l'égalité, qu'il a
analysé et commenté les trois formes du mouvement
réglées par l'ordre, et qu'il les a classées sous les titres
cités plus haut : Rythme ou Nombre, Mètre et Vers.
Ainsi, la constitution du rythme (1) qui, avons-nous dit,
est le mode le plus simple d'agroupement des entités
rythmiques, montre-t-il encore un arrangement mé-
thodique de pieds, dont la tessiture offre des cadences
ordonnées, c'est-à-dire senties dans l'ordre. Cette exi-
gence sévère de la convenance harmonieuse des pieds
engagés dans l'évolution de la trame rythmique, ne
disparut que dans la *soluta oratio*, discours dégagé
d'entraves, ce que nous appelons la prose, qui ne fit
son apparition que fort tardivement, contrairement à

(1) A propos du premier terme de cette classification : rythme,
l'évêque d'Hippone fait remarquer qu'il a deux significations.
La première est restreinte comme ci-dessus, désignant le genre
le plus simple dans les accouplements des moments de la durée ; la seconde est générale. Elle comprend tout ce qui a trait
aux évolutions du mouvement.

« Rythmi enim nomen in musicâ usque adeo late patet, ut
hæc tota pars ejus quæ ad diu et non diu pertinet, rythmus
nominata sit. »

De Musica, S. Augustin, livre III, chap. 1er, parag. 2, p. 84.

En musique, le nom de rythme est grandement répandu avec
cette acception que le rythme s'entend de ce qui a trait à la
durée.

l'opinion générale (1). L'histoire nous a conservé, comme un fait digne de remarque, la date relativement assez récente du premier discours en prose prononcé au Sénat romain.

Avec le traité *De Musica* de saint Augustin, finit la très longue période, où la valeur prosodique de la syllabe régnait sans partage comme étalon de grandeur, et réglait l'accouplement des pieds ou entités rythmiques engagés en des figures sonores. Alors surviennent les époques troublées du moyen âge, si remplies d'incertitudes et d'obscurités. Pendant que la langue se dégage lentement de l'idiome latin et des patois d'origines diverses, la valeur rythmique de la syllabe va s'affaiblissant graduellement. Elle finit par disparaître, en cédant la place à la rythmique des neumes. L'accent tonique devient, dès lors, l'unique élément régulateur des successsions musicales. Au monde nouveau et rajeuni, il fallait une langue nouvelle, obéissant à un rythme spécial.

Mais, sous les efforts de l'esprit humain, les œuvres musicales dépouillent peu à peu leur simplicité primitive, et réclament des moyens d'exécution, moins sommaires que ceux tirés de l'accentuation tonique, et de la forme rudimentaire des neumes. Avec la Renaissance, commença un travail tout nouveau dans la formation harmonieuse de la langue musicale au

(1) Les enfants, comme les peuples jeunes, commencent à parler musicalement par images, expression de la force latente de vie qui est en eux et qui engendre le mouvement cadencé et la figuration de la parole.

moyen des nombres, mais en dehors de la valeur prosodique de la syllabe, qui avait disparu de l'oraison moderne. Cette nouvelle élaboration de l'élément et du tissu de la phrase rythmique et sonore, s'accomplit en s'appuyant sur une base, non pas contraire à celle des temps anciens, mais toute différente.

L'accent tonique cessa donc de jouer le rôle unique d'étalon dans la mesure, et l'on revint à la pratique de l'ordre dicté par les nombres. La tradition des siècles précédents n'eut aucun apport utile à fournir aux rythmes pratiqués dans les xvie, xviie et xviiie siècles.

L'esprit moderne fit table rase des systèmes enfantés par l'imagination des musicologues. Son œuvre didactique peut se résumer dans les faits suivants : il créa la mesure actuelle, ramena la série multiple des tons anciens à nos deux types de la gamme majeure et de la gamme mineure et par l'emploi de la dissonnance sans préparation, il changea la face de l'harmonie consonnante des premiers Maîtres de la polyphonie vocale. Enfin sous l'influence du mouvement généreux de rénovation provoqué par la Renaissance, il ordonna la phrase musicale et ses accouplements, tels que Beethoven et les musiciens de son cycle les ont pratiqués jusqu'au seuil de l'ère actuelle, où commence à se dessiner, dans certaines écoles, un véritable travail de désagrégration et de disqualification des procédés musicaux admis et employés jusqu'à nos jours (1).

(1) Nous pouvons résumer les causes de la croisade entre-

Le cœur humain échappé à l'égoïsme des âges payens, agrandi et réchauffé par la pure doctrine de l'Evangile, est arrivé de nos jours, à réaliser avec un bonheur inouï, une harmonie merveilleuse des sons, qui ne fut pas soupçonnée par Platon et dont le génie de saint Augustin lui-même n'entrevit que de bien faibles lueurs. C'est sur les flots de cet océan de sons et de rythmes, traduits par la polyphonie des voix et par celle des timbres de l'orchestre moderne, que, désormais, flotte triomphalement dans une clarté éblouissante, la nef qui porte l'œuvre de Mozart et celle de Beethoven, de Beethoven dont les symphonies immortelles ont inscrit le nom à côté de ceux d'Homère et de Phidias.

prise par quelques musiciens novateurs contre les modes et les styles du passé, en cette simple remarque : on entend bannir du tissu sonore la forme du vers, c'est-à-dire, la forme cadencée et périodique, comme les novateurs littéraires prétendaient, naguère, s'affranchir des entraves du vers, en moulant la phrase imagée dans la libre évolution de la prose poétique.

Laissons de côté les mesquines revendications de détail, de neuvième non résolue par exemple, et d'autres accidents de grammaire qui, actuellement, pèsent bien peu dans l'examen de la question. La musique a été périodique. Elle ne veut plus l'être. Tels sont les termes du problème : nous n'en voyons pas d'autres.

Si la musique ne sombre pas dans la tempête, que de luttes épiques, dans l'avenir, entre les tenants de la beauté pure (ils sont légion), et leurs prosaïques et entreprenants adversaires, dans un cycle futur de la vie à outrance et sans pondération, dont les réformes bruyantes de Wagner ont marqué le début.

QUELLE INFLUENCE LE MOUVEMENT DE LA RENAISSANCE A-T-IL EXERCÉ SUR L'ÉVOLUTION DE LA MUSIQUE ?

Après l'effondement de la société romaine, et pendant la sombre nuit que plusieurs siècles d'invasions étendirent sur l'Europe, le naufrage des arts fut complet. Les timides tentatives de représentations linéaires et picturales, que nous connaissons de cet âge, manquaient absolument de formes et de proportions.

Mais, voici qu'au xiii⁰ siècle, la vue de quelques marbres antiques découverts fortuitement en Italie, éveille l'imagination de Cimabue et de Giotto. Les premiers d'entre les modernes, ces artistes conçoivent, d'après l'antique, l'idée de la pureté des contours, et des grâces de la ligne. Par leurs œuvres, ils ouvrent la carrière brillante, où s'élancèrent à leur suite les grandes écoles de peinture et de sculpture qui sont la gloire de la Renaissance italienne. Rien de semblable ne s'est passé pour la musique. Sommeillant encore dans ses langes, l'art des sons n'avait point acquis dans l'antiquité un développement analogue à celui de l'architecture et de la sculpture. Aucune découverte de modèles antérieurs ne vint donc provoquer sa marche en avant. La musique moderne est tout entière fille de ses œuvres.

Les quelques éléments que la tradition livrait

encore, surtout au monde religieux, n'étaient plus compris. Les souvenirs s'effaçaient en se déformant graduellement. Tout était à refaire dans ce monde nouveau, pour exprimer des sentiments nouveaux.

Ensuite d'un état d'âme inconnu de l'antiquité, l'art des sons joua un très grand rôle dans la préoccupation de nos ancêtres. Mais combien fut dur et laborieux ce travail d'enfantement, qui précéda l'épanouissement de la noble musique moderne ! Avant l'âge du triomphe, et durant de longs siècles, que d'œuvres informes, dans les essais de musique, qui ne peuvent revendiquer vraiment le nom d'art !

ÉVOLUTION NÉCESSAIRE

Chaque civilisation ne reçoit pas de toutes pièces la part du patrimoine que la Providence lui assigne. Ce lot de vérité et de richesses communes, la société doit le conquérir lentement, successivement, par d'incessants labeurs. C'est la marche universellement imposée à l'évolution de toutes choses en ce monde, marche qui tire sa raison d'être de ce fait que nous avons constaté déjà bien des fois, à savoir qu'en tout mouvement, en toute expansion de la vie, la périodicité, toujours présente, exige impérieusement l'enchaînement régulier de l'élan, de l'épanouissement et de la chute. C'est donc par étapes, que la société s'avance à travers les siècles, sans pouvoir, qu'elle le veuille ou non, se soustraire jamais à cette loi, qui est la condition même et la forme de son existence, et celle de son développement social, artistique et littéraire.

Ces péripéties de luttes et de triomphes, ces alternatives de succès et de revers, donnent une résultante, qui constitue à un moment donné le degré de civilisation d'une société. L'œuvre de l'humanité, pareille à celle de Pénélope, se recommence souvent. L'histoire nous le montre dans l'exemple de ces civilisations disparues et totalement inconnues de nous, que le voyageur découvre avec étonnement, et exhume une à une du sol mystérieux de l'Orient.

Quant à l'individu, il ne choisit ni le lieu, ni le temps, ni la condition, ni le degré de civilisation du milieu où il est appelé à vivre. Être enseigné, il subit d'abord les influences ambiantes, quand il est faible. Il réagit ensuite quand il devient fort, mais dans une mesure qui montre encore, même chez les plus grands, leur étroite dépendance des circonstances dans lesquelles ils exercent leur activité. Pour devenir poète, artiste ou savant, l'homme ne peut se passer du milieu où il s'agite, subissant malgré lui les effets de l'atavisme, il est porté par sa race, par son siècle, par le cycle que parcourt la société à laquelle il appartient, c'est-à-dire par la période d'élan, d'épanouissement ou de chute qui atteint l'art et la science au moment où il les cultive. Qu'eussent été comme poètes, au temps de Charlemagne, avec la langue informe des Francs, Chateaubriand, Lamartine, Victor

Hugo et de Laprade? Et quelle figure auraient montrée comme musiciens, Haydn, Mozart et Beethoven, vivant au ixe siècle, ou même contemporains de Guy d'Arezzo? La Providence fait naître l'ouvrier quand l'outil est prêt, Bossuet, Corneille et Racine, lorsque la langue française encore indécise, mais déjà épurée, offrait à leur génie l'instrument nécessaire pour créer leurs chefs-d'œuvre, et fonder notre littérature nationale du xviie siècle, qui pendant deux cents ans, ne l'oublions pas, imposa à l'Europe entière la maîtrise de l'esprit français.

La musique moderne est donc partie de bien bas, puisque nous trouvons ses origines dans les formes barbares du déchant, et dans les théories souvent étranges des musicologues contemporains. Evidemment, quelques siècles après saint Augustin, on avait oublié totalement ce qu'était la musique, telle que l'enseignait l'évêque d'Hippone d'après la tradition grecque et romaine. Les âges suivants, en fondant une nouvelle ère musicale, devaient marcher bien longtemps encore à la recherche d'une forme vraiment belle, avant de rencontrer la sereine figure du type moderne, évoluant au sein de l'Ordre, dans la Plénitude et dans la Grâce.

COUP D'ŒIL SUR L'ALLURE, AU POINT DE VUE HISTORIQUE

Les anciens, jusqu'aux temps modernes, ont pratiqué probablement diverses allures du mouvement, mais ils s'en préoccupèrent très peu, théoriquement du moins, puisqu'ils n'en disent rien. Les écrits du moyen âge, imagés, mais peu scientifiques, ne fournissent aucun renseignement sur ce sujet. Une seule observation pourrait jeter, peut-être, quelque lumière. C'est que, naturellement, les chants populaires sont lents. Les anciennes danses, dans nos contrées, sauf de rares exceptions, ont une allure modérée, quelques-unes sont lentes et solennelles. Nous savons que c'est Lully qui introduisit dans la musique du siècle de Louis XIV les airs de vitesse pratiqués par les Italiens, et, jusqu'alors, inconnus en France.

Pendant longtemps, les mouvements de danse ont été, sous le rapport de la coupe et du rythme, les guides et les modèles des allures adoptées dans les pièces de musique. Leurs différents accouplements ont constitué le cadre du ballet.

Nous devons voir dans le ballet primitif un essai naïf de la figuration du mouvement par le son et par le geste, telle qu'elle existait à l'aurore de l'art des vieilles sociétés grecque et romaine. Ballet, à l'origine, n'était point synonyme de ces sauteries que les modernes ont décorées de ce nom. Dans beaucoup de cas, il tenait plus du Passus que du Saltus. C'était la plastique, s'unissant par la grâce aux gestes et à la musique pour célébrer la Poésie.

L'opéra, et ce qu'on nomme aujourd'hui le drame musical, ne sont que la suite et le développement du ballet. Le scénario s'est agrandi, le geste figuré s'est effacé devant les péripéties de l'action, la parole et le chant sont intervenus. Mais l'élément lyrique se retire progressivement, à mesure que le drame s'accentue, et il va disparaître presque complètement dans les œuvres des musiciens de l'avenir. Cette diminution progressive du lyrisme ou du vers, il faut le reconnaître, est le caractère assez général de l'évolution de la musique actuelle. Est-ce bien un progrès?

Le grand Bach, dont le génie enrichit la musique de tant et de si merveilleux chefs-d'œuvre, fit, lui aussi, un fréquent usage des mouvements de danse usités de son temps. Mais c'est Mozart, Haydn et Beethoven, échappés complètement à la raideur conventionnelle des formes scolastiques, qui accumulèrent toutes les délicates richesses de l'allure dans les œuvres qui ont immortalisé leur nom.

Enfin, quand, sortant de cette période d'équilibre, on arrive à l'heure présente, l'observateur signale la contre-partie de la pratique probable des anciens. Dans les cycles de la vie, comme celui où nous nous agitons, le mouvement lent devient l'exception, tandis qu'on sent et qu'on ordonne toutes les expressions artistiques, suivant le rythme et les allures de la force et de la vitesse.

INFLUENCE DU RYTHME SUR LE MELOS

La première et essentielle combinaison du melos est sa combinaison avec le rythme dont nous allons étudier en détail les divers éléments.

Dans la période de l'élan, le mouvement de l'essor lance le melos associé au rythme. Il le fait jaillir vivement, et, redoublant son effort, il l'oblige à bondir sous l'impulsion de l'énergie qui le pousse, en se servant d'articulations successives comme d'instruments de projection propres à le faire marcher en avant; et cela proportionnellement à l'élan initial et selon les caprices du rythme.

Dans l'épanouissement, le rôle des articulations est tout différent. Ce ne sont plus des ressorts qui poussent le melos en avant, ce sont des jalons de distinction qui servent à la fois de supports et de contours aux figures que le rythme contemplatif découpe librement dans la durée. Ici, la multiplicité des traits n'indique plus, comme dans l'élan, les efforts successifs pour vivre et grandir; mais elle trace les voies diverses suivant lesquelles le son s'irradie et s'épanouit, en même temps qu'elle proclame la fécondité et l'aisance élégante des mouvements de la vie, au sein de l'être sonore.

L'élan et la chute, dont nous allons parler, ont trait surtout à l'effusion des phases d'activité dans la vie.

L'épanouissement dépeint la sérénité et la contemplation.

L'élan et la chute engendrent une certaine agitation, tandis que l'épanouissement fait naître la quiétude et le repos.

Enfin, l'épanouissement témoigne plus spécialement de la grâce, l'élan et la chute plus spécialement de la force croissante et décroissante.

Dans la chute, le mouvement précipite ou laisse tomber le melos vers la fin, c'est-à-dire vers la consommation de la marche périodique des trois parties constitutives de la durée. L'intégrité de celle-ci ne saurait exister, sans la fusion en l'unité de la triade qui est la forme essentielle de toutes choses successives : il faut que le commencement, le milieu et la fin s'enchaînent rigoureusement. La chute, ou complément réclamé par l'intégrité, étant en même temps la condition du retour de la périodicité, mode de la vie, doit donc être considérée comme un élément aussi indispensable à la manifestation de la durée que l'élan et que l'épanouissement ; son caractère est la décroissance de la force qui crée la périodicité ; sa limite et sa mesure gisent dans le point même qu'elle atteint, lorsqu'elle parfait l'intégrité de ces trois moments de la durée.

En résumé le mouvement s'élance, s'épanouit et tend à sa fin, à sa consommation qui est l'unité par l'intégrité. Nous ajouterons que le mouvement a l'appétence irrésistible de sa fin, et qu'il obéit aveuglément à une attraction mystérieuse qui le fait courir à sa chute.

Les forces et les figures rythmiques, sonores ou non, sont semblables à ces cours d'eau des vallées transversales, qui reçoivent en leur sein les ruisseaux et les torrents de la montagne. Grossis par ces apports successifs, ils roulent fatalement sur leur pente à travers mille vicissitudes, jusqu'à ce qu'ils tombent chacun en son point, dans le fleuve de la plaine, qui les attire et les absorbe dans sa majestueuse unité.

Ainsi se fondent en l'unité de la phrase, puis de la période, enfin de l'œuvre particulière et de l'œuvre générale, toutes les successions que l'ordre relie entre elles, sous l'égide de l'intégrité. En nous élevant à des idées plus générales, nous concevons de même que tous les faits passagers du temps forment des groupements d'unités partielles, dont l'intégrité de l'ensemble constitue l'œuvre de la Durée, telle que le Souverain Créateur l'assigne aux successions des siècles.

Nous avons parlé plus haut de l'intégrité ; mais nous pensons qu'il convient de nous y arrêter encore quelques instants à cause de l'importance des fonctions de la chute.

DE L'INTÉGRITÉ RÉGLANT L'ESSOR DE LA VIE DANS LES COMBINAISONS DU MELOS ET DU RYTHME

Puisque, d'après sa définition, l'intégrité est l'état normal de ce qui existe, tout doit tendre à l'intégrité, mode de l'unité particulière, laquelle unité doit tendre à son tour en l'unité finale constitutive de chaque existence.

La vie n'est donc pas autre chose, pour les êtres organisés, que le mouvement vers l'intégrité par l'élan, l'épanouissement et la chute.

En tout ce qui est soumis au mouvement, répétons-le, les lois de la nature exigent donc, pour sa formation, la présence et l'action intégrale des trois moments dont elle se compose.

Pour le monde des corps, l'existence concrète est inséparable des trois dimensions : longueur, largeur et profondeur. Le concours simultané de celles-ci élabore et détermine l'intégrité des solides.

Dans le règne végétal, la vie de la sève nous montre l'intégrité dans la périodicité de l'élan, de l'épanouissement et de la chute. Cette périodicité enfante la tige, les feuilles, les fleurs et les fruits, puis amène la décomposition des tissus dont une élaboration mystérieuse vient ressaisir perpétuellement les débris épars, pour les réorganiser d'après les mêmes lois, en vue d'un futur et toujours incessant renouveau.

Une action humaine n'est complète que lorsqu'on trouve en elle le commencement, le milieu et la fin. En littérature, l'intégrité de l'action est une des règles de la poésie.

Enfin, si l'on envisage plus spécialement nos sociétés où s'exerce l'activité responsable de l'homme, tout le monde y proclame que le but de la vie morale est l'intégrité de la vertu.

L'intégrité d'une chose étant sa condition normale d'existence, nous affirmerons donc que l'intégrité de toute durée doit être sauvegardée avec un soin rigoureux, dans sa représentation par les éléments esthétiques. Sans cela, il y a imperfection, diminution, mutilation, dans la figure, le mouvement ou le dessin que l'artiste crée ou exécute.

Enfin, puisque l'élan, l'épanouissement et la chute sont trois éléments également indispensables, soit pour constituer la durée, soit pour la manifester, nous en conclurons que chacun de ces moments possède une égale importance au point de vue de l'intégrité.

Nous ajouterons que le rôle de la chute, pour constituer l'intégrité, a été compris si bien par les grammairiens, qu'ils donnent le nom d'intégrité à la dernière partie du poème épique, voulant dire par là que cette partie est essentielle à l'intégrité de l'œuvre littéraire qu'elle complète et qu'elle achève.

En nous résumant, nous dirons qu'il y a intégrité lorsque la forme et le mode représentent exactement ce qui est renfermé dans l'idée, c'est-à-dire lorsque la forme et la vie, qui manifestent la substance, sont adéquates à celle-ci.

En second lieu, nous insisterons encore une fois sur ce fait si important, que l'intégrité étant l'état normal de la durée, il faut veiller avec le plus grand soin à respecter cette intégrité dans sa représentation par les signes artistiques.

DE L'AIRE RYTHMIQUE

A l'étude de l'intégrité en général, se rattache intimement pour notre sujet, celle de l'intégrité de l'aire rythmique.

L'aire rythmique est la portion de la durée que chaque figure de celle-ci occupe légitimement.

Cette aire, étant une grandeur, est susceptible de mesure et comme elle relève de la durée, elle est soumise aux lois qui la régissent, et que nous avons longuement exposées. Tout rythme et toute fraction de rythme ont donc une aire, que la convenance assigne, que la proportion mesure, et que l'harmonie enchaîne dans ses successions périodiques.

On altère l'intégrité de l'aire rythmique, par manque ou par excès dans la mesure des éléments qui doivent y figurer.

On altère l'intégrité de l'aire rythmique, en pressant ou en ralentissant le mouvement légitime (1). En ralentissant on grossit cette aire outre mesure et on détruit, tout à la fois, la convenance, la proportion et l'harmonie ; on porte atteinte à l'intégrité de la vie et on trouble celle de la forme. En pressant, le résultat est inverse : on porte atteinte à l'intégrité de la forme, et on trouble celle de la vie.

(1) Le mouvement que le sens éclairé par la Convenance, la Proportion et l'Harmonie conçoit invinciblement dans les régions intimes et secrètes du goût.

Le respect de l'intégrité de l'aire rythmique, dans la durée, est aussi nécessaire que celui de l'intégrité de la forme dans l'étendue. En l'un et l'autre cas, il assure l'exactitude de la figure qu'on déforme en contrevenant à l'intégrité. Le sens de l'artiste créateur en est le juge, mais celui des auditeurs et des spectateur l'apprécie et le ratifie, en vertu de cette force mystérieuse du jugement interne qu'on nomme le goût. Malheureusement le goût comme la conscience, comme l'intelligence, peut être faussé par une mauvaise éducation. Dans les périodes de décadence, par exemple, où l'artiste demande le succès aux manifestations exagérées de la vie, on arrive à ne plus comprendre cette intégrité du rythme. Sous le coup de la mode, toute atteinte qu'on lui porte, semble un pas vers le progrès, et un acheminement à l'émancipation du joug de la forme, jusqu'au moment, où la confusion et la précipitation, détruisant la pureté du contour, et la signification rationnelle des éléments artistiques, engendreront dans l'âme humaine l'obsurcissement et le cahos, au lieu d'y faire éclore l'émotion et le sentiment de l'amour, au sein de l'ordre et de la lumière (1).

(1) Nous rappellerons ici que le propre de l'art est d'éveiller le sentiment par l'émotion, et de provoquer un mouvement de sympathie pour ce qui est élevé, grand, beau, noble et généreux. Nous savons aussi qu'on arrive à ce résultat, en se gardant bien d'offusquer le principe pensant par des sensations trop prépondérantes, dans la crainte d'empêcher la réaction des autres facultés, auxquelles la sensibilité ne doit faire qu'un appel judicieux dans le sens du type ou dans celui de l'ordre.

Donc, pour conclure, l'aire rythmique étant une quantité mesurable, il importe d'en sauvegarder l'intégrité, avec autant de soin que celle des autres éléments qu'enfante l'expansion de la vie dans la durée. En d'autres termes encore, l'intégrité est indispensable aux agroupements de la diversité, puisque la vie procède toujours par des formations d'individualités que la durée entraîne dans ses enchaînements successifs.

OBSERVATIONS SUR LES CHAPITRES PRÉCÉDENTS

> « Ce qui n'a point de terme cause du déplaisir, et échappe à l'intelligence. D'ailleurs il n'est rien qui ne soit contenu dans certains nombres. » (ARISTOTE, *Rhétorique*, livre III, chapitre VIII.)

Il est puéril de prétendre se passer de formes et de périodes : Aristote vient de nous en donner la raison. D'autre part, l'observation nous fait voir que la vie, créatrice universelle de l'individualité dans le monde végétal et dans le monde animal, impose la forme et la figure à tout être et à tout groupement d'êtres. Les procédés de l'art, pour ne pas être identiques à ceux de la nature, ne sauraient aboutir légitimement à des effets opposés : il suffit de montrer les conclusions excessives des théories étroites du progrès indéfini, tel qu'on l'entend de nos jours, pour en faire saisir l'évidente absurdité.

Le « supprimer la forme afin de mieux affirmer

l'indépendance et l'intensité de la vie » est condamné par l'expérience de tous les jours, aussi bien que par la raison. Et quand on voit le résultat des tentatives faites contre la forme, on est autorisé à dire qu'elles sont des atteintes aux conditions mêmes d'existence des arts, et à celles de leur rôle nécessaire dans la société.

DE LA MAITRISE, DE L'ÉGALITÉ, DE L'INÉGALITÉ

> Les nombres s'enchaînent en vertu de l'égalité.
>
> S. Augustin, *De Musica*, l. Ier.

Puisque, d'après Aristote, il n'est rien qui ne soit contenu en certains nombres, rien de ce qui est soumis au nombre ne se combine sans satisfaire à ce principe de l'égalité, qui intervient dans tous les faits relevant du successif, quelle qu'en soit la proportion, quelle qu'en soit l'importance.

Ainsi, une durée, grandeur complexe, est soumise en sa constitution intime, à ce respect de l'égalité. L'envergure exacte du commencement entraîne forcément celle du milieu et celle de la fin. Mais cette loi stricte, qui ordonne l'agroupement des éléments de la durée, ordonne non moins rigoureusement celui des durées entre elles. Ainsi nous constatons la juste et universelle influence de ce principe, à la lumière duquel s'éclairent successivement bien des côtés obscurs des problèmes que nous agitons en ce moment.

C'est ce vif sentiment de la maîtrise de l'égalité en toutes choses, qui dicta aux musiciens de la Renaissance, l'emploi de ces compartiments réguliers de mesure sur la portée, lorsque les difficultés d'écriture et d'exécution, croissant avec le développement du génie musical, leur inspirèrent instinctivement l'idée vraiment féconde de ce tissu rigoureusement divisé en fractions égales. Telles ces bandes de tapisserie sur le canevas desquelles on brode des dessins au libre contour, se développant en volutes, en spirales, en courbes élégantes et gracieuses, tout à fait indépendantes des compartiments du canevas sous-jacent, que l'œil ne saurait apercevoir, et qui sont indispensables à l'exécution de ces figures.

La remarque suivante de saint Augustin, à propos de l'inégalité, achèvera de nous faire saisir le rôle de l'égalité, vis-à-vis de la diversité. Le sens rythmique si délicat, qui préside dans nos facultés aux jugements du goût, a horreur de tout ce qui manque d'équilibre et d'égalité. Il repousse, en le réprouvant instinctivement, ce qui est boiteux, ce qui est privé de proportion et d'aplomb, ce qui pèche, en un mot, contre l'intégrité, condition essentielle de l'unité. Mais il prend le plus vif plaisir aux mille et mille effets de la variété, qu'il recherche même avidement, pourvu qu'en cette variété, il sente les traces de l'ordre ou de l'égalité.

La preuve qu'il réprouve l'inégalité, c'est qu'il se sert du silence même pour parfaire l'égalité sonore et rythmique.

Mais l'amour de l'égalité est enraciné si profondément dans l'esprit de l'homme, que son génie a trouvé moyen d'y plier l'inégalité elle-même, c'est-à-dire, ce qui est boiteux, privé d'équilibre, etc., et cela en le soumettant à la loi de la périodicité. L'artiste, le poète crée, pour ainsi dire, l'égalité par la répétition de ce qui manque d'abord d'égalité.

Car, répéter par la symétrie un membre rythmique qui pèche par l'inégalité, c'est corriger cette inégalité première, en introduisant, par l'artifice de la répétition de ce membre, son égalité avec sa première perception.

CLASSIFICATION DES PIÈCES DE MUSIQUE RÉSULTANT DE LA COMBINAISON DU MELOS ET DU RYTHME

Les combinaisons du melos et du rythme envisagées comme entités ou pièces de chant, d'orgue et d'instruments, ont reçu à leur origine des noms souvent fort vagues, dont il convient de préciser la signification.

DANS LA MUSIQUE RELIGIEUSE

Il y a des pièces qui tirent leurs noms des parties de l'office auxquelles on les affecte : des Introit, des Graduels, des Offertoires, des Préfaces, des Elévations, etc. Puis des pièces désignées par les premières paroles du texte : des Kyrie, des Gloria, des Credo, des Sanctus, des Agnus, des Magnificat, des Te Deum, des Tantum ergo.

DANS LA MUSIQUE PROFANE

Les diverses espèces de danse donnent leurs noms aux formes musicales dont elles règlent le mouvement et la cadence : des Sarabandes, des Menuets, des Gigues, des Valses, etc.

Les Allégros, les Modératos, les Adagios, les Andantes, les Scherzos tirent leur appellation de l'allure même des pièces de musique auxquelles on les applique.

Enfin, nous rencontrons les noms suivants sur lesquels nous nous arrêterons un instant : Toccata, Canons, Fugue, Cantate, Oratorio, Sonate et Symphonie.

Toccata est tirée d'un mot italien qui veut dire une pièce de musique touchée sur un instrument à claviers.

Les Canons sont des morceaux de musique composés suivant des règles spéciales.

On a donné le nom de Fugues aux pièces dont les parties diverses, qui s'enchaînent très méthodiquement, ont l'air de fuir les unes devant les autres.

Cantate désignait primitivement ce qui se chante par analogie avec sonate et toccata qui signifiaient ce qui se joue, ce qui se touche. Dans la cantate le son musical était produit par la voix humaine, tandis qu'il était fourni par les instruments en général dans la sonate, et par les instruments à claviers dans la toccata comme nous venons de le dire.

Lorsque la musique fut sortie de ses langes, on appela Cantate, un groupement de solo, de duo, de morceaux d'ensemble, de chœurs, d'intermèdes d'orchestre se rapportant à un même sujet. Saint Philippe de Néri nomma Oratorio la cantate dont le sujet est religieux.

Les modernes traitent les cantates et les oratorios soit dans le genre lyrique comme les *Saisons* et la *Création* d'Haydn, soit dans le genre dramatique comme la *Damnation de Faust* de Berlioz.

Actuellement la Cantate et l'Oratorio sont conçus le plus souvent avec les formes de l'opéra dont ils ne diffèrent que par la non-représentation scénique.

Sonate de *sonare* ou *suonare* se disait à l'origine de toutes pièces faisant entendre des sons musicaux, quels que fussent l'instrument et la forme de la pièce (1). Plus tard, le mot sonate désigna une composition musicale rigoureusement ordonnée en un nombre fixe de parties disposées elles-mêmes dans un ordre et avec des mouvements déterminés d'avance.

(1) Le sens primitif de *sonare* sonate, correspond à peu près à notre expression actuelle : faire de la musique.

DE LA SONATE ACTUELLE ET DE LA SYMPHONIE

Historiquement la sonate est une résultante de recherches successives.

Dans Biber, Kuhnau, Matheson, on trouve les germes de la sonate qui n'était pas encore une pièce complexe, offrant un caractère d'unité, mais qui se présentait plutôt comme une suite de morceaux dont le premier a de l'analogie avec l'allemande, le plus lent avec la sarabande, et le dernier ou le plus vif avec la gigue.

Chez les Italiens, Domenico Scarlatti ne donne à la sonate qu'un seul mouvement, tandis que Francesco Durante en donne deux, le premier appelé étude, et le second divertissement. En général, les compositeurs italiens de cette époque ont écrit la sonate à deux mouvements.

Voilà pour la sonate de chambre ou de concert.

La sonate d'Eglise se composait le plus souvent d'une introduction lente, puis d'une fugue mouvementée.

La symphonie orchestrale ou ensemble des voix de l'orchestre n'est que la sonate instrumentée.

Aux trois mouvements primitifs de la sonate allemande, est venu s'ajouter le menuet, puis souvent à la place de celui-ci, le scherzo introduit par Beethoven. Nous expliquerons plus loin la cause de cette adjonction.

La composition de la sonate est l'expression la plus haute de la puissance créatrice en musique. L'artiste tire tout de son inspiration. Nul texte, nul secours extérieur pour l'exciter, le soutenir et le guider. Il faut que l'émoi interne, servi par sa technique, lui fournisse la matière et les développements de son travail, puisque sa fécondité géniale dispose tous ces éléments, d'après un plan clair et harmonieux, afin que la sonate manifeste intégralement la part de beauté sonore et rythmique, dont elle est l'expression.

Maintenant quel rôle les formes de la sonate vont-elles jouer dans l'œuvre du musicien ?

Afin d'éclairer notre sujet et de donner un aperçu de ces formes, voici le plan sommaire le plus généralement adopté pour le premier allégro classique d'une sonate ou symphonie :

1° Premier groupe, deuxième groupe de transition, troisième groupe mélodique sur le ton de la dominante ou de la médiante ; conclusion ;

2° Travail harmonique, mélodique et modulant ;

3° Reprise du premier groupe, deuxième groupe de transition abrégé, troisième groupe mélodique sur le ton de la tonique ; conclusion. *Ch.-M. Widor.*

Le plan de l'adagio, celui du menuet et du scherzo sont beaucoup plus simples. Le plan du rondo est formé par le retour du motif exigé un certain nombre de fois.

C'est donc sur ce modeste canevas que le compositeur brode les thèmes, les motifs, les divertissements de la sonate, auxquels il prodigue tous les artifices de mélodie, d'harmonie, de rythme et de coloris, que son talent et son goût lui suggèrent.

Disons maintenant quelques mots sur la haute signification esthétique de la symphonie ou sonate instrumentée. Puis nous étudierons sa genèse et le rôle de ses différentes parties. Enfin, nous jetterons un coup d'œil sur le symphoniste travaillant à l'édification de de son œuvre.

Au xviiie siècle, on donnait le nom de suite aux divers agroupements de parties et de mouvements qui précédèrent ceux de la sonate actuelle, quel qu'en fût d'ailleurs le nombre et l'arrangement. L'allure de ces mouvements caractérisait les différentes pièces figurant dans l'œuvre musicale.

A la suite succéda la sonate moderne. Comment comprendre ce passage de la suite, formée par des mouvements de danse à la noble et poétique sonate des Maîtres allemands?

C'est Emmanuel Bach, le second fils du grand Sébastien Bach, qui consacra son émancipation en l'affranchissant, à la fois, de la tyrannique tutelle des airs de danse et de la sèche contrainte du style et des formes scolastiques. Rien ne s'opposait, dès lors, à son glorieux avènement. Aussi, voit-on à ce moment, poindre les premières lueurs de cette aurore magnifique qui devait illuminer tout le ciel de l'art où s'épanouirent les œuvres géniales de Mozart, d'Haydn et de Beethoven.

Ni philosophes, ni critiques n'ont tracé cette voie merveilleuse où allaient s'engager en l'illustrant les

Maîtres célèbres de la vieille Allemagne. Leur intuition inconsciente a provoqué seule cette transformation de l'étroite Suite en l'effervescence lyrique des chefs-d'œuvre du siècle dernier que nous étudions en ce moment. Ce sont donc les facultés voyantes et créatrices de ces Maîtres, mises sur la voie par une longue préparation, qui ont su découvrir et s'approprier ces formes de la sonate moderne : formes parfaites s'il en fut, sur les ailes desquelles ils ont élevé leurs œuvres jusqu'aux plus hauts sommets de la pensée musicale.

La Suite, avec les mouvements vifs et les mouvements lents des pièces de danse dont l'ensemble constituait son canevas, fournit les formes générales de l'allégro, de l'adagio et de l'andante. Ces formes, ces mouvements devinrent impersonnels, si l'on peut s'exprimer ainsi, dégagés de toute allure rythmique spéciale imposée par le caractère de la danse choisie pour modèle. Le musicien, débarrassé de toute entrave, n'avait qu'un pas à faire pour entrer dans le splendide édifice de la symphonie moderne. Sous les effluves de son inspiration et de son enthousiasme, il put concevoir musicalement et en toute indépendance, le mouvement de l'élan, qui emporte son imagination vers l'objet du désir, et dans les extases de l'adagio, célébrer sans contrainte les ivresses de la contemplation.

Les plus grandes œuvres de Beethoven sont bâties sur le plan arrêté par Emmanuel Bach ; la forme de la sonate de Beethoven dérivant de celle d'Haydn, son maître, grand admirateur d'Emmanuel Bach.

SYMPHONIE

Saint Augustin, dans sa lettre célèbre, citée plus haut, adressée à l'évêque Memorius, fait remarquer qu'il est plus facile de parler du rythme en l'associant au melos. Nous profiterons de cette observation pour montrer, dans la symphonie orchestrale, l'application sonore des lois de la périodicité. En effet, quel tableau merveilleux et saisissant nous offre l'union du melos et du rythme, incarnée dans la symphonie classique de Mozart, d'Haydn, de Beethoven, de Mendelsshon et de Schumann !

Par son cadre calqué exactement sur la succession des trois moments de la durée, avec le minuetto ou le scherzo achevant par l'eurhythmie la perfection du mode symétrique, nous voyons d'abord l'évolution des grandes masses sonores et rythmiques à travers : 1° l'élan ou l'allégro initial ; 2° l'épanouissement ou le largo du milieu, accompagné par la grâce du scherzo ou du minuetto, enfin 3° la chute ou le presto final.

Puis, regardant les détails, nous trouvons que chacune de ces figures essentielles est composée elle-même d'une multitude de figures secondaires, enfantant à leur tour, au sein de la variété, d'innombrables évolutions périodiques expressives des trois moments de la durée.

Ces enchaînements successifs de la durée, ornés de toutes les richesses du melos, et revêtus de tous les enchantements du nombre, font circuler la vie dans le tissu sonore de la symphonie. Au milieu des formes et des combinaisons rythmiques, voici l'apparition lumineuse des figures typiques, motifs et thèmes, toutes éblouissantes dans leur impérative et séduisane beauté, et souverainement parées de ces charmes puissants qui triomphent de l'indifférence et réchauffent la froideur.

Or, les phrases inoubliables des symphonies de Beethoven, son génie nous les présente sous de merveilleuses conditions de développement, de variété, d'harmonie et de coloris qui les rendent mille fois plus aimables encore. Thèmes et motifs, habilement sertis tels que des joyaux rares, et embellis non moins soigneusement par tous les artifices d'égalité et du nombre, brillent vraiment comme une matière précieuse enchâssée dans les figures expressives de la symphonie. Leur beauté plastique vient s'ajouter aux charmes des évolutions sonores, et leurs traits étincelants, ramenés par l'intégrité à l'unité générale, se transfigurent en l'image parfaite et l'expression enchanteresse de l'ordre réglant la vie et s'y épanouissant. La vie, à son tour, exalte le type et la forme, et le type, intimement senti, provoque l'émotion, l'admiration et la sympathie dans l'âme apaisée et soumise qui finit par se rendre à l'appel irrésistible des attraits de l'idéal.

Et ces effluves d'enthousiasme et d'extase que suscite l'apparition de la poésie font pénétrer dans les régions de l'entendement, à l'aide des associations des phénomènes psychologiques, le cortège des idées et des sentiments les plus nobles et les plus délicieux que puissent concevoir et goûter l'intelligence et le cœur de l'homme.

Pour manifester toutes les splendeurs du melos associées aux enivrements du rythme, voici encore le concours puissant des différents timbres de l'orchestre. Chacun de ceux-ci, possédant une forme et une vie propres, apparaît tantôt isolé et à découvert, tantôt fondu dans l'ensemble où il produit et reçoit tour à tour des sonorités nouvelles et multiples par ses accouplements avec celles des autres instruments.

Quel sens profond prennent ces représentations musicales des éléments de la durée et des lois de la périodicité, lorsqu'un artiste comme Beethoven, leur communiquant le souffle de son inspiration, dépose en elles l'empreinte de ces types adorables de beautés innommées, qui sommeillent mystérieusement au plus intime de notre être et qu'une évocation de l'art y fait subitement resplendir ! Au milieu des élans de l'orchestre emporté par le rythme, jaillissent comme des lueurs divines qui soulèvent l'âme, la subjuguent et la précipitent haletante, émue, souverainement heureuse, en des régions inconnues et pourtant inconsciemment désirées. Ravie d'enthousiasme et d'harmonie, oubliant l'heure présente, sentant comme des ailes l'emporter à travers le temps et l'espace, l'âme s'élance sur les traces de ces lueurs mystérieuses qui la sollicitent invinciblement. Pénétrant à leur suite dans la région des désirs immortels, elle s'avance jusqu'au bord de cet abîme insondable de l'infini, océan tout peuplé des visions de l'idéal qui éblouissent notre esprit en sillonnant le ciel de l'art, comme l'éclair éblouit nos yeux, lorsqu'il déchire la nue au sein de la tempête.

La phrase type, qui apparaît dans la symphonie de Beethoven, est aussi loin du Leitmotiv informe que de la formule banale ordonnée froidement par la science dans les œuvres de seconde main. Le motif jaillit tout armé de grâce et de séduction; il brille sérieux et plein de vie, palpitant de beauté sous ses graves attraits. L'esprit goûte ce type et s'y attache; il le suit dans ses pérégrinations harmonieuses, à travers les caresses et les enivrements du Rythme, assiste à ses développements et à ses transformations, le perd dans les épisodes, le retrouve avec bonheur. Puis, s'identifiant avec ses évolutions, il s'élève à sa suite dans les sphères où l'ordre étincelle, où la vie abonde, où le cœur se dilate en la joie, au sein de cette lumière divine que les poètes, les philosophes et les artistes ont appelée l'Amour.

Quant à l'existence de l'état final de contemplation, de ravissement et d'extase, but et terme des évolutions de l'art dans la symphonie, ceux des artistes et auditeurs qui l'ont éprouvé (1), et ils sont légion, viendront en témoigner comme nous. Bien plus, nous en sommes convaincus, avec le progrès des méthodes d'observation, une analyse attentive saura un jour en

______

(1) Les femmes surtout.

préciser les caractères. La science pourra discuter
alors avec succès les rapports et les différences entre
cet état psychologique, où l'âme garde toute sa mémoire et toute sa liberté, puisqu'elle peut s'y soustraire, et l'état inconscient des phénomènes magnéti-
ques si curieux à observer qu'on appelle l'extase par
la musique, dont le sujet qui la subit ne conserve
aucun souvenir.

VISION MYSTIQUE

Symphonie immortelle.

VISION MYSTIQUE

Symphonie immortelle.

Mais allons plus loin.

Sur les ailes de l'imagination, pénétrons, si possible, dans les sphères du mysticisme, et hasardons au sujet de cette merveilleuse symphonie orchestrale, quelques hypothèses suggérées par l'étude de ses significations temporaires que nous venons d'esquisser rapidement.

Au lieu de l'auditeur de concert paisible et commodément assis, au lieu du musicien non moins bien assis exécutant sa partie sur son instrument, si nous supposons l'assemblée saisie tout à coup, corps et âme, par les attractions mélodiques et rythmiques, et évoluant sans défaillance, au sein de l'ordre, à la poursuite du type et de l'exemplaire, ne pourrions-nous pas dire que nous trouvons là une image de la vie céleste, vie active et contemplative tout à la fois ?

Essayons donc de nous représenter l'homme dans le Ciel en l'état parfait, ayant dépouillé la grossièreté de ses organes actuels, et voyant face à face la Vérité souveraine, objet de tous ses désirs.

Mais il n'est pas solitaire dans sa béatitude, car nous le trouvons engagé dans la société des élus. Comment concevoir cette société absorbée dans l'adoration de l'Être éternel ?

En nous reportant à ce que nous avons dit plus haut de la symphonie orchestrale, ne vous semblera-t-il pas que les groupes des bienheureux enivrés de la félicité céleste, brûlant tantôt d'épancher leur joie, tantôt de s'anéantir en des extases pleines d'amour devant la cause suprême de leur ravissement, composent au sein de la plus libre activité, des figures sonores et rythmiques éblouissantes de beauté, dont les élus, avec toute l'intégrité de leur personnalité, sont à la fois les agents expressifs et les témoins.

Je la vois cette symphonie céleste, dans sa radieuse jeunesse, se mouvant délicieusement à travers les champs du ciel, toujours nouvelle en ses infinies combinaisons, réalisant incessamment la phase de l'activité et celle de l'adoration, et passant de la poursuite de l'idéal à sa complète possession qu'elle goûte dans le ravissement et dans les enivrements de l'extase.

Et cet état de groupement actif des corps des élus qu'on appelle un chœur (1) et que nous nommions symphonie ou union des voix, n'est-ce pas au fond le perfectionnement des différents états esthétiques par lesquels l'humanité passe ici-bas ?

---

(1) Le mot chœur avait chez les anciens un sens plus complexe que celui de symphonie ou ensemble de voix. Il comprenait avec le jeu des voix celui des mouvements du corps, c'est-à-dire des gestes.

Les arts du mouvement qu'on désigne sous le nom de mimique et de danse, et qui forment l'art général des gestes soumis aux lois du rythme et du type, et les arts du son et du melos qui, unis au nombre, constituent la musique, doivent les uns comme les autres se consommer dans la perfection au-delà de cette vie, chacun d'eux retenant des choses de la terre ce qui en celles-ci offrait un vestige des choses du ciel.

Puisque tout mouvement ici-bas produit des vibrations, nous pouvons, je crois, en inférer que tous les mouvements dans le ciel sont accompagnés d'un mode musical qui leur sert d'expression sonore. Le corps ressuscité, étincelant de lumière et de gloire, doué de pénétrabilité et d'agilité, obéissant spontanément à la pensée, et mû par une âme extasiée en l'amour divin, vibrera de toute l'énergie de sa nature, et ces vibrations, jointes à celles des autres corps composant le chœur ou la symphonie, produiront la musique la plus suave et la plus délicieuse que l'imagination puisse concevoir.

Nous rencontrons ici le melos et le rythme, s'unissant en parfaite société pour célébrer les grandeurs ineffables du Très-Haut. Mais nous croyons, en outre, que la manifestation du Verbe accompagnera les manifestations purement musicales, produites par le mouvement des corps, et que les élus, comme les anges dans la bouche desquels l'Église met l'Hosanna céleste, chanteront des paroles de gloire et d'amour devant le trône de l'Éternel (1).

(1) Le chant suppose des vibrations vocales et des articula-

Ce que nous disons là, répétons-le bien, n'est sans doute qu'une hypothèse. Cependant la théologie nous parle des neuf chœurs des anges, dont elle distingue les fonctions. Ces chœurs ne seraient-ils pas les modèles de ces groupes d'élus adorant Jéhova en des évolutions mystiques toutes empreintes de l'ordonnancement des nombres, et dont nous croyons trouver une analogie réelle, quoique bien imparfaite, dans la symphonie orchestrale du géant de la musique.

Ainsi, nous nous représentons les élus formant en leurs bienheureuses sociétés, des groupes rythmiques et sonores, mus par l'ardent et inassouvi désir d'exalter, de louer et de bénir, au sein de l'Ordre Eternel, le Type adorable qui les remplit de joie et d'amour. Disposés en phalanges harmonieuses, ils poursuivent librement de leur concours qui rappelle celui des formes et des timbres divers de la symphonie, cet idéal dont la réalité s'offre à eux, les enivre et les attire sans cesse en leur inspirant ces figures adorables que le génie inconscient de Beethoven lui a fait entrevoir peut-être, et dont, selon nous, il a tracé dans ses immortels chefs-d'œuvre, quelques traits incomplets sans doute et pourtant sublimes.

tions qui supposent elles-mêmes un milieu pondérable quelconque. Puisque le Ciel ou le Paradis est un lieu créé, nous pouvons y concevoir l'existence d'une atmosphère, milieu subtil des vibrations indispensables à la production des sons.

GENÈSE DE LA SYMPHONIE
DANS LES PARTIES ESSENTIELLES DE SA FORME

De même que l'élan tend à l'épanouissement qui est le but de l'effort initial, de même le premier mouvement de la symphonie tend à l'épanouissement, c'est-à-dire à l'adagio qui en est la raison d'être et comme le point culminant. Ce que nous avons découvert précédemment à propos de l'intégrité, sur le rapport du dernier élément de la périodicité avec les deux premiers qu'il complète, fait comprendre le juste rôle de l'allégro ou presto final qui achève le développement de la symphonie.

« Wagner a constaté que chez Beethoven l'allégro est presque toujours une décomposition de l'adagio, par une figuration plus animée... Tous les allégros de Beethoven sont régis par un melos fondamental qui tient du caractère de l'adagio, qui l'annonce ou qui lui fait suite. De là, dans les mouvements rapides un caractère sentimental (1). »

L'allégro initial, c'est le mouvement généreux, l'élancement spontané à la poursuite et à la représentation du type symphonique entrevu dans l'entendement du compositeur.

(1) *L'art de diriger l'orchestre.* Maurice KUFFERATH, page 62.

De tous les mouvements de la symphonie et des quatuor, le mouvement lent de Mozart et de Beethoven largo, larghetto, adagio, andante, etc., est bien celui qui saisit et impressionne le plus vivement l'auditeur attentif. La raison en est facile à comprendre, puisque le moment que traduit ce mouvement est le centre et le but reconnu de la sonate ou symphonie.

Oui, certes, l'adagio est le colloque sublime de l'artiste avec l'idéal qu'il est parvenu à fixer un instant. Dans les mouvements lents des grandes œuvres symphoniques, quels appels émouvants, quelles extases devant la cause suprême de la joie !

Qui ne se souvient de l'émotion ressentie en écoutant par exemple le larghetto du quintette en *la* de Mozart, celui de la sonate pathétique, le largo de la symphonique en *ré* de Beethoven, le premier mouvement de la sonate en *ut dièse mineur*, pour ne parler que des pièces les plus universellement connues ? Quand le virtuose ou les exécutants attaquent ces mouvements, on sent immédiatement que le compositeur vous prend sur son aile, et vous introduit dans des régions plus pures et plus sereines que celles où s'agitent nos passions, et où s'élaborent nos mesquines pensées.

A ce mouvement lent succède le minuetto ou le scherzo, moment très curieux à observer, où l'humanité se ressaisit après s'être abandonnée aux délectations de la beauté entrevue dans les lueurs mystérieuses de l'adagio. Le rythme devient plus précis, la limite s'accentue, comme pour témoigner du retour aux conditions ordinaires de la vie, et répondre à ce besoin d'activité qui nous saisit toujours, l'expérience le prouve, après une forte contention morale ou intellectuelle.

L'allégro final sonne ainsi qu'un chant de triomphe. C'est l'exaltation du type goûté dans les ivresses de l'extase, c'est le torrent des effluves de l'enthousiasme, c'est l'hymne de satisfaction et de reconnaissance entonné pour la réussite de l'œuvre conçue, et si heureusement incarnée dans les splendeurs de l'orchestre.

Écoutez attentivement et sans parti pris les allégros qui terminent chacune des symphonies de Beethoven. Vous reconnaîtrez avec nous, dans ces œuvres immortelles, l'expression grandiose des sentiments de la joie que l'artiste a goûtée dans les évolutions du melos et du rythme, et qu'il chante avec toute la majesté de son génie. Le final de la symphonie en *ut mineur* peut être considéré comme le type parfait de ces hymnes solennels enfantés par l'enthousiasme de Beethoven, à la fin de ses symphonies, pour célébrer la gloire et les attraits du grand idéal de son cœur et de son imagination.

Nous n'ignorons pas qu'il est de mode, aujourd'hui, de voir dans ces allégros des choses multiples et fort extraordinaires. Sans doute là, comme dans toute l'œuvre du maître Viennois, cette troisième phase de l'intégrité de la symphonie renferme des accents bien mystérieux. Mais avons-nous la prétention de tout expliquer, surtout dans le domaine de

l'imagination des artistes ? D'ailleurs, que de
confusion et d'incohérence dans les innombrables
élucubrations des commentateurs de Beethoven !
N'est-on pas allé jusqu'à en faire un philosophe,
et à chercher dans ses œuvres des explications tout
à fait étrangères à l'art et à ses fonctions. De leur
côté, les éditeurs de musique ont contribué à créer
arbitrairement et à répandre une tradition fantaisiste,
en distribuant des titres et des appréciations là où
Beethoven avait jugé à propos de ne mettre aucun
titre, de n'inscrire aucune légende.

Quant aux cris byroniens de désespérance que
d'aucuns se plaisent à découvrir dans les sonates et
dans les symphonies, sous prétexte que le maître
était, à un moment de sa vie, en proie à de cruelles
infirmités, nous ne saurions en contester l'existence
dans l'oreille et dans l'imagination de ces auditeurs
convaincus. Mais nous aurions beaucoup de peine à
admettre dans l'œuvre de Beethoven la réalité de ces
formules d'imprécation et de ces expressions de viru-
lentes souffrances, d'abord parce que nous ne les y
avons jamais entendues, ensuite parce que le génie est
fils de l'enthousiasme et de l'amour, et non de l'ironie
et du blasphème. Témoin cette parole même très signi-
ficative de Beethoven :

« *L'artiste ne pleure pas ; il est tout de feu.* » (*Lettre
de Beethoven à Bettina*).

DE L'ARTISTE CRÉANT LA SYMPHONIE

Quand l'artiste conçoit une symphonie, il la voit d'abord, ou plutôt il l'entend en bloc, telle que l'inspiration la lui présente, telle qu'elle devrait être, avec toutes les qualités de l'ordre et du type.

Pour réaliser ce plan merveilleux, il met en œuvre les ressources dont il dispose, imagination, talent, science, expérience, et par dessus tout, ardente sympathie pour le modèle intérieur, qu'il s'efforce d'incarner en des formes symphoniques.

C'est un fait d'expérience indéniable, qu'au premier moment de l'inspiration, le créateur, l'ordonnateur de l'œuvre d'art voit toujours avec enthousiasme le type qu'il conçoit dans la perfection. Le labeur ardu ne commence avec le désenchantement et l'irrésolution, qu'au moment où il s'agit de faire passer dans les traits de l'œuvre d'art l'image de cette face auguste de la Beauté éblouissante entrevue dans les premiers rêves de l'imagination. La matière sourde et raide ne se plie que difficilement à l'expression souple et colorée des idées d'ordre et de type. La grandeur et l'élévation du sujet goûtés dans l'idéal sont rapetissés forcément dans l'image produite, car cette image, soumise nécessairement comme toute œuvre humaine à la caducité du temps et à la limitation de l'espace, ne peut échapper à l'imperfection inhérente aux modes mêmes les plus excellents d'exécution, dont puisse disposer le génie fini et relatif de l'artiste, fût-il Beethoven.

Cependant, comment va procéder le compositeur ?

Le voici en face de l'œuvre à faire.

Il s'élance vers elle, il y tend avec l'énergie de toutes ses aspirations, il s'efforce d'en obtenir une parfaite réalisation. C'est l'allégro initial de la sonate ou symphonie, c'est l'élan qui précipite au but le melos et le rythme traduits par un instrument ou par les voix multiples de l'orchestre, c'est le désir qui s'exalte à la poursuite du rêve idéal, délicieusement épanoui à l'heure bénie de l'inspiration.

L'artiste est arrivé devant le suprême exemplaire à la vision duquel il aspire. Il s'enivre des perfections du divin modèle, et contemple dans les délices du ravissement, le type engagé dans l'ordre et produisant l'harmonie souveraine. L'enthousiasme le soulève, la joie le pénètre, la plénitude des ondes sonores l'enveloppe et l'inonde. L'esprit vibre et nage dans une indicible émotion. Le désir est satisfait.

Mais le tableau se voile, la scène s'évanouit, car rien ne demeure. Le compositeur et l'auditeur descendent du ciel en terre. A ce moment, il se passe en eux un phénomène analogue à celui qui accompagne en germe le fait de l'interjection. L'émotion ressentie communique un mouvement à l'organisation musicale, et appelle, pour l'exprimer, le concours strictement mesuré du melos et du rythme : d'où résulte dans la trame de l'œuvre le tissu cadencé qu'on rencontre à ce moment de la symphonie. Les premiers symphonistes, à leur insu certainement, mais obéissant à un secret instinct, ont choisi pour exprimer cet instant, la forme du menuet qui est la danse la plus noble, tout en étant exactement mesurée. Beethoven a respecté l'idée fondamentale, et remplacé assez souvent le minuetto par le scherzo, qui offre plus d'ampleur et de variété et qui se plie mieux aux effusions de l'enthousiasme (1). Puis la joie déborde du cœur de l'artiste, et se répand dans l'allégro ou le presto final en louanges et en exaltation des charmes de l'idéale Beauté dont les traits viennent de briller sous les voiles transparents de l'œuvre symphonique.

On peut dire que la symphonie est l'édifice musical élevé à l'expression : 1° du Désir éveillé, ressenti et traduit dans le premier allégro ; 2° du Désir satisfait dans les splendeurs enivrantes et dans la plénitude des développements de l'adagio ; 3° de l'objet du Désir célébré et exalté dans l'allégro ou presto final qui complète la symphonie.

On peut dire aussi que la sonate ou symphonie orchestrale est un voyage de l'imagination artistique à la poursuite de l'idéal, à travers les trois moments de la durée, voyage accompli sur les ailes

(1) Rappelons que Beethoven est revenu au menuet dans la huitième symphonie.

du melos et du rythme, aux accents des timbres de l'orchestre.

Après avoir salué avec un légitime orgueil le génie fécond de la race française, qui créa, au moyen âge la cathédrale gothique, et au xviiᵉ siècle la tragédie de Corneille et de Racine, je m'incline avec émotion et respect devant le lyrisme de la vieille Allemagne, dont l'instinct musical a su découvrir les formes de la sonate, et dont la verve artistique s'épanouissant en d'immortels quatuor, nous révéla l'œuvre primesautière d'Haydn, de Mozart, et la symphonie de Beethoven.

DES MOULES

Comment l'artiste se sert des combinaisons du melos et du rythme pour faire œuvre d'art.

La création esthétique suppose, chez l'artiste :

1º Motif de l'inspiration, interne ou externe, idée ou sentiment, accompagné du mouvement de l'émotion et du besoin impérieux de l'exprimer.

2º Facultés de l'imagination assez énergiques et fécondes pour faire œuvre d'art.

3º Technique suffisante. Dans les époques de maturité, enseignement judicieux, éducation professionnelle complète : comme corollaire, moralité ou sens désintéressé.

4° Milieu favorable au développement de l'artiste et à l'expansion de son œuvre.

Il importe de ne pas se méprendre sur la nature de l'imagination poétique, et de distinguer celle de l'artiste, toute-puissante pour combiner les signes et en tirer le langage de l'art, d'avec celle de la foule, simplement suffisante pour recevoir l'émotion, et s'associer aux élans du poète. Tandis que l'artiste procède en allant de l'idée ou du sentiment au signe qu'il façonne, la foule, par une opération inverse, remonte du signe à l'idée ou au sentiment que le signe a pour but de signifier.

Maintenant, comment l'artiste va-t-il accomplir son œuvre?

Evidemment par essais et par tâtonnements dans les périodes primitives, où l'expérience du procédé fait défaut, et où les ressources techniques sont rares.

Avec plus d'assurance et de facilité dans les époques plus heureuses, où la civilisation a préparé et ordonné les voies de l'Art.

Nous arrivons ici à l'examen de ce qu'on appelle, dans le domaine de la critique, les canons, les règles, les formes, les moules.

Au moment où la musique moderne s'émancipa du plain-chant, elle donna à ses premières œuvres vocales et instrumentales, conçues librement, les noms de Cantate, de Sonate et de Toccata, ce qui se chante, ce qui se joue, ce qui se touche. Vagues et indécises au début, les formes musicales se cherchèrent longtemps.

L'histoire de chaque art en particulier nous montre toujours, dans leurs débuts, des hésitations et des tâtonnements qui aboutissent, après de laborieux efforts, à des formes justes et déterminées.

Or, ces formes, ces moules, qu'il ne faut pas confondre avec les formules, ces canons, ces plans tracés d'avance dont les grands musiciens se sont servis pour encadrer leurs formules expressives du rythme et du melos, ne sont donc pas nés de toute pièce sous la plume d'un maître. L'homme de génie, mettant à contribution les fruits du talent et de l'expérience de ses devanciers et de ses contemporains, en synthétise les résultats, et leur communique la vie en les ordonnant dans l'unité.

Ce qu'il emprunte c'est la forme, le moule dont il se sert en l'améliorant et en le perfectionnant pour mieux rendre sa pensée. Ce qui est original en lui ce sont donc les formules dont il revêt cette pensée, et non point les formes, le moule où il les coule.

Ecoutons Fétis :

« L'art de créer des formes nouvelles et d'une facile compréhension ne peut être que le fruit de l'expérience; tandis que l'aperçu de l'idée n'est qu'une production de l'instinct musical. Aucune forme durable ne résultera de ces aperçus instinctifs, si la forme ne vient à leur secours, et, conséquemment, si l'expérience ne les met en valeur. »

Fétis, Biographie de Beethoven.

Sauzey, dans son Violon harmonique, constate l'existence, dans le domaine des arts, de « ces transmissions, de ces perfectionnements basés sur l'expérience pour fixer les formes ».

C'est aussi l'opinion de Rubinstein.

Voici maintenant, sur les canons employés en sculpture par les Grecs, une page très curieuse d'un auteur dont le jugement plein de finesse et d'érudition, fait autorité en matière de critique esthétique.

« Les canons ou statues servant de guide et de type régulateur dans la pratique, ne sont dangereux que pour ceux qui en abusent. Avant de les maudire comme un fléau, ou de les respecter comme une loi inviolable, il convient d'apprendre quel usage en faisaient les sculpteurs grecs. Ces exemplaires présentaient la figure humaine avec sa régularité abstraite, et ses proportions les plus constantes, fixées d'après un calcul des moyennes. Lucien le donne à entendre dans son portrait du parfait danseur : « Dans le corps, dit-il, je dois me le représenter conforme au modèle de Polyclète, c'est-à-dire d'une taille qui ne soit ni trop grande, ni vraiment gigantesque, ni pourtant trop petite et se rapprochant de celle d'un nain, je le veux d'une proportion exacte et juste, point trop gras, ce qui nuirait à l'illusion, ni trop maigre, ce qui tourne au squelette et au cadavre. » On le voit, le canon était une manière de juste milieu, ou si l'on veut, une sorte d'académie correcte où l'expérience et la raison d'un Maître traçaient les limites en deçà et au-delà desquelles l'artiste ne devait pas s'égarer ; mais ce ne fut jamais ni une chaîne, ni même une barrière. Le génie grec était trop libre pour subir un joug quelconque, surtout un joug dont le poids l'eût écrasé. L'inspiration, le goût, les conseils de la nature, la diversité des caractères à exprimer firent varier les canons. Celui de Lysippe n'était déjà plus le même que celui de Polyclète. Ni l'un ni l'autre n'empêchèrent les artistes de donner à l'enfance, à l'adolescence, à la jeunesse, à l'âge mûr, aux dieux, aux déesses, aux athlètes et aux hermaphrodites les formes et les proportions exigées par l'âge ou par le caractère. Si l'art grec avait été l'esclave des canons, comme l'ignorance se l'est parfois imaginé, après une première génération d'artistes éminents, on se serait contenté de reproduire leurs œuvres, par la copie ou par le moulage, et il y aurait eu un art byzantin dix siècles plus tôt. Au lieu de cette monotonie et de cette froideur, que de variété et que de vie diversifiée même dans les représentations d'une divinité unique ! Comptez combien de Jupiter et de Vénus qui se ressemblent et diffèrent à la fois. Mais si l'art grec eût méprisé les canons, c'est-à-dire les règles de la proportion, et le frein de la mesure, ses œuvres n'auraient pas cet aspect de beauté permanente et sans date où l'humanité reconnaît et admire l'image de ses perfections physiques. »

Charles Lévêque. *Le Spiritualisme dans l'art*, p. 27.

Il en est absolument de même des sonates, des quatuor et des symphonies de nos grands maîtres. La similitude du moule ne porte aucune atteinte à l'indépendance de leur génie. Mozart, Haydn et Beethoven ont conservé chacun leur personnalité dans leurs immortels chefs-d'œuvre, bien que ceux-ci aient été conçus et exécutés d'après les lignes générales d'un plan analogue.

Se servir judicieusement des moules n'est donc point faire de l'art byzantin, c'est ordonner son inspiration en des formes raisonnables et justement pondérées. Le respect intelligent des formes consacrées n'est point synonyme d'immobilité. Il n'exclut ni tempérament, ni amélioration apportés aux moules ou canons généralement admis à un moment donné. L'homme de génie en affine les traits et les contours, suivant le développement de l'art dont il est actuellement le représentant ; mais il ne les invente pas. Aussi, voyons-nous Beethoven, fidèle à la coupe de la sonate d'Haydn son maître, se contenter d'en élargir le cadre sous les effluves de sa puissante inspiration, remplaçant quelquefois le menuet un peu étriqué par le scherzo, dont le mouvement a plus d'ampleur.

Mais bouleverser les signes par orgueil et pour viser à l'originalité, nous semble une preuve évidente d'infériorité et une marque de décadence.

Homère, Phidias, Sophocle et Virgile ont porté à leur suprême perfection les qualités du génie d'Athènes et de Rome. Au point de vue qui nous occupe, ils n'ont pas fait autre chose que de rendre plus excellente la forme des éléments qu'ils recevaient de la tradition. Shakespeare et Dante ont employé la langue de leurs contemporains. Corneille et Racine n'ont pas songé à renverser les préceptes des grammairiens illustres qui les ont précédés. Michel-Ange a fait son

Moïse à force de génie. Raphaël n'a rien répudié de la peinture du Pérugin. Les uns et les autres, rassemblant des signes épars, et les animant de leur souffle, leur ont donné la vie par l'unité, et l'immortalité par les qualités de l'Ordre et du Type, conférées à leurs formes.

Les œuvres de lutte ne sont que des œuvres de seconde main. Le génie est fait de naïveté et de spontanéité. Il accomplit sa tâche dans la paisible possession de ses moyens d'expression, et non dans la recherche fiévreuse de signes et de procédés nouveaux. Surtout, gardons-nous de croire que l'esprit humain, quelque vigoureux qu'il soit, puisse arriver à se mouvoir dans ses manifestations avec une indépendance absolue.

Au fond, répétons-le, l'homme n'a que la liberté du choix. Au début, il subit forcément l'influence de l'école qui le forme, et pendant toute sa vie il se meut et exerce son activité dans le cycle auquel il appartient.

Un cycle, comme son nom l'indique, est un ensemble de faits historiques, artistiques ou autres, qui se groupent autour d'un centre et exercent une influence prépondérante sur la forme et l'allure du milieu ambiant.

Un cycle a pour origine quelquefois l'œuvre d'un grand homme; quelquefois un événement important, parfois aussi un état plus parfait dans l'efflorescence d'une société, d'une littérature ou d'un art.

Dans le cycle, les écoles présentent chacune un

aspect génial de l'esprit humain, ou un mode particulier de sentir.

Le plus souvent, la vie résulte du choc de ces courants opposés, et l'équilibre des facultés est engendré
au sein de la société générale par ces conflits de tendances et d'aptitudes diverses.

L'artiste peut bien se soustraire par un effort de
volonté aux méthodes et à l'enseignement de l'école,
mais remarquons-le bien, il ne peut échapper au cycle
où il est né.

De toute évidence, il ne choisit point la période
dans laquelle s'écoule sa vie, pas plus qu'il ne saurait
modifier l'âge de la société dont il est membre, contraint qu'il est de subir toutes les conséquences résultant de la période d'élan, d'épanouissement ou de
chute, qui forme, à un moment donné, le milieu où il
se développe et où il trace son sillon.

C'est donc bien des entrailles de l'humanité que
monte, par une sorte de répercussion, la sève géné-
reuse qui va régénérer, transformer et vivifier, à
l'heure de la rénovation, les arts, les sciences et les
autres agents d'une civilisation. Celui qui donne son
nom à l'œuvre nouvelle n'est que le fruit plus parfait
du milieu qui l'a longuement préparé, et qui a aidé à
l'éclosion de la vertu géniale enfermée dans sa libre
intelligence. Car il reste toujours maître de remplir
sa mission ou de s'y soustraire, d'atrophier ses facultés ou de les ennoblir par l'effort persévérant de la
vertu, et par celui du labeur assidu que lui impose son
rôle d'initiateur.

Parmi toutes les causes qui ont amené la transformation de la vieille société humaine, nous devons rappeler ici le rôle de celle qui a exercé, sans conteste, l'action la plus efficace sur le développement de la civilisation moderne.

Le christianisme, en promulguant et en établissant les principes de l'Evangile, a ouvert des horizons nouveaux et profonds à la pensée humaine. Cette pensée s'est imprégnée, pendant de longs siècles, d'idées et de sentiments totalement inconnus des contemporains de Périclès et de Virgile. Le vêtement, donné par l'artiste de nos jours à leur expression esthétique, doit offrir et offre, en effet, des caractères tout différents de ceux qui distinguent les civilisations païennes épanouies dans les âges antérieurs.

ÉCOLES RÉALISTES
GROUPES DES INTENTIONNISTES

La Musique, quelque perfectionnée que soit la technique, ne peut prétendre cependant peindre comme la peinture, ni définir et raconter comme l'éloquence. Quoi qu'on veuille dire, ses facultés imitatives sont fort limitées. Elle ne saura exprimer convenablement que certaines représentations du monde physique : on l'a démontré souvent et préremptoirement. La théorie ne fixera point de limites à ce pouvoir d'imitation. Elle fera remarquer seulement que le compositeur trouve assez rarement l'occasion d'user de ce procédé avec succès (1).

Nos contemporains ont envisagé sous des aspects nouveaux certains des problèmes que soulèvent actuellement les questions musicales. C'est ainsi qu'on a cherché parfois à intellectualiser la musique, par opposition aux écoles qui demandent leurs effets à la musique plus spécialement basée sur l'expression des sentiments, de là des divergences accentuées dans la manière d'entendre cet art, ainsi que dans l'emploi de ses moyens d'action sur les auditeurs. Dans cette littérature musicale dont nous parlons, il s'est fondé à la suite des Allemands, une école bruyante qui sous prétexte de commenter l'œuvre des Maîtres, s'attache à découvrir, dit-on, l'indication de leurs vues secrètes et à percer, si faire se peut, le mystère de l'enfantement génial.

C'est le groupe des intentionnistes.

Or, s'il est une erreur déplorable, c'est bien celle de vouloir assigner témérairement tels motifs précis et extérieurs à chacune des phrases qui se déroulent dans les chefs-d'œuvre de musique purement instrumentale, où il n'y a point de paroles pour traduire l'intention de l'auteur.

Ecoutons Wagner :

« Là où le langage humain s'arrête commence la

-----

(1) Surtout ne pas confondre, comme on le fait souvent, l'imitation matérielle avec le coloris.

musique. Rien n'est plus insupportable que les tableaux et les histoires insipides qu'on donne pour fondement à des œuvres instrumentales. »

Cela s'applique à merveille au programme qu'on a infligé à la symphonie en *la*. « L'incitation et l'inspiration, qui donnent naissance à une œuvre instrumentale, doivent être de telle nature qu'elles ne puissent se former que dans l'âme d'un musicien. »

« Si l'émotion qui est le point de départ de l'inspiration musicale est causée par un événement extérieur, elle doit toujours prendre pour le musicien une forme musicale, et d'elle-même résonner en sons avant d'être manifestée par des sons. » Ainsi la symphonie héroïque fut inspirée par Bonaparte : mais on y chercherait vainement un tableau de la vie du Premier Consul. L'ordonnance, aussi bien avec les motifs de ce chef-d'œuvre, sont d'une nature essentiellement musicale (1).

Les sonates, les duos, les trios, les quatuor, les symphonies de Mozart, d'Haydn et de Beethoven, sauf d'insignifiantes exceptions, n'ont d'autres signes distinctifs que leur tonalité, leur numéro d'ordre ou leur dédicace à tel ou tel.

Plus tard d'ineptes et d'insipides faiseurs d'étiquettes se sont avisés d'en orner les œuvres des Maîtres bien innocents de pareilles enseignes. Après nous être habitués à entendre désigner les œuvres célèbres par les noms et les épithètes que quelques éditeurs

______

(1) *Richard Wagner d'après lui-même*. Soufflard, page 131.

fantaisistes leur avaient accolés, nous avons dû subir, au grand détriment de la vérité, l'invasion confuse des gloses et des inventions de légendes explicatives du texte musical, légendes le plus souvent aussi mensongères que les titres dont nous venons de parler.

Si Beethoven avait jugé utile d'accompagner sa musique d'indications explicatives, il l'eût fait certainement, ainsi que le démontrent les quelques paroles mises en tête des morceaux de la Symphonie pastorale.

Il est même permis de supposer que Beethoven établissait une différence entre la symphonie héroïque, la symphonie pastorale et les autres symphonies d'après cette remarque de Lentz :

« La symphonie pastorale, la sixième dans l'ordre, n'est pas plus numérotée que la symphonie héroïque, la troisième dans l'ordre. Beethoven voulait-il que la symphonie pastorale et la symphonie héroïque fissent bande à part et ne comptassent moins comme symphonies proprement dites que comme tableaux ou fantaisies musicales (1) ? »

Voici encore sur ce sujet une page de M. Kufferath :

« Il existe autour de la symphonie en *ut* mineur toute une littérature. Philosophes et poètes se sont ingéniés à expliquer le sens mystérieux de cette saisissante composition qui s'impose également à toutes les catégories d'auditeurs. Beethoven lui-même, du

______

(1) *Beethoven et ses trois styles*, Lentz.

reste, semble avoir voulu provoquer le commentaire. Suivant un biographe, Schindler, il aurait dit en parlant du thème initial : C'est ainsi que le destin frappe à notre porte (1). »

L'authenticité du mot a été contesté ; on a même prouvé plus ou moins définitivement que ce thème fatidique était tout uniment la notation d'un chant d'oiseau que Beethoven avait entendu dans une de ses promenades aux environs de Vienne, et qu'il avait recueilli sans autre arrière-pensée que d'en tirer parti un jour ou l'autre.

Il est certain que les commentateurs de la symphonie en *ut* mineur ont poussé quelquefois la chose à l'extrême. Ces gens ont une manie dangereuse : c'est de vouloir être plus profonds que les auteurs. Ainsi Louis Nohl, dans sa biographie de Beethoven, éprouve le besoin de poursuivre jusqu'au bout l'application de l'idée du Destin dans la symphonie. Le premier thème, c'est la *Volonté* qui s'affirme contre le Destin. La lutte s'engage ensuite ; finalement, la Volonté triomphe, et donne à l'homme la liberté. Le final est l'hymne à la Liberté.

Dans un travail plus récent, M. J. de Wasielewski a poursuivi cet ingénieux parallèle, page par page, presque mesure par mesure, et l'on vous démontre copieusement que des rythmes et des harmonies dont le sens musical est tout naturel et très simple, ont été

(1) Ne serait-il pas très naturel de voir là une boutade du Maître, plutôt que l'indication intentionnelle du motif de la symphonie.

inspirés à Beethoven par des vues extraordinaires sur l'humanité et sa triste destinée.

Il est prudent de ne pas attacher aux élucubrations de ce genre plus d'importance qu'elles ne méritent.

En composant la symphonie en *ut* mineur, Beethoven, soyez-en sûr, aura songé tout d'abord à écrire une belle œuvre forte, originale, expressive surtout ; seulement, comme il avait l'esprit naturellement porté à la rêverie philosophique, il se marque quelque chose de ses hautes aspirations dans ses chants et ses idées musicales (1).

Après une longue étude fort élogieuse de la Symphonie fantastique de Berlioz, voici l'appréciation de Schumann sur le programme explicatif dont le Maître français accompagne son œuvre :

« Ces sortes de prospectus ont toujours quelque chose de peu digne ; cela sent trop le charlatan. Les titres en tête des parties eussent suffi amplement. Les péripéties de ce drame musical, intéressantes d'ailleurs à tous égards, puisqu'elles représentent une page de la vie du compositeur lui-même, se fussent certainement transmises par la tradition orale.

« Nous autres Allemands, en un mot, nous voulons plus de délicatesse en cette matière ; nous n'aimons pas ces révélations personnelles, et notre goût souffre d'être traité si grossièrement. Déjà, lors de l'apparition de la Symphonie pastorale, on s'est senti blessé chez nous de ce que Beethoven n'eût pas cru qu'on

(1) *L'art de diriger l'orchestre*, M. Kufferath (pages 7, 8 et 9).

fût capable de comprendre sans son aide le caractère
de la symphonie.

« En général, l'homme éprouve une sorte de répul-
sion à entrer dans le laboratoire du génie. Nous
n'avons que faire des causes, des moyens, de tous les
mystères de la création (1). »

DU SENTIMENT DE LA JOIE INSÉPARABLE
DE LA VISION ARTISTIQUE

L'artiste convie l'humanité à chanter et à goûter
avec lui les enivrements de l'enthousiasme nés de la
vision esthétique. Sa fonction sociale est de chercher
à introduire la foule attentive dans les régions où
la beauté de l'Idéal entrevu s'épanouit librement et
engendre la Joie dont notre cœur est toujours si
avide.

Dans la création artistique, avons-nous vu, la joie
est la compagne assidue du premier jet de l'inspiration, car point de véritable création sans enthousiasme et point d'enthousiasme sans le sentiment de
la joie.

Ce sentiment si peu et si mal connu dans les civilisations modernes, abondait au sein des jeunes socié-

____

(1) *Hector Berlioz et Robert Schumann* (page 26). Article
de Schumann extrait de la *Nouvelle Revue musicale de Leipsig*.
Paris, maison Schott, 1879.

tés, comme en font foi leurs coutumes et les formes expressives de leurs arts.

Ne voyons-nous pas de même la joie vibrer, s'épanouir sur les lèvres et dans le cœur du jeune homme de vingt ans, puis disparaître graduellement à mesure que l'âge porte atteinte à l'intégrité de son être par l'évolution nécessaire des phases diverses de sa vie ?

Dans les âges primitifs c'était le chœur χορος dont le nom, suivant Platon, vient de χαρα, joie, qui était l'organe des explosions de la joie au sein de ces populations naïves célébrant spontanément le culte de la divinité par l'enthousiasme débordant des hymnes, des gestes et des danses.

L'artiste, comme l'habitant de la Mycènes antique, comme le jeune homme, comme tout être intelligent familier avec l'enthousiasme, ressent la joie qui accompagne les rêves de son imagination et les élans de son cœur. Mais dire que la joie est la compagne de l'artiste ne veut pas dire que celui-ci ne connaisse que la joie, ce qui serait absurde. Cela veut dire que le véritable artiste, lorsqu'il crée, goûte la joie de la la Beauté entrevue et traduite par quelques formes contingentes. On dit avec raison qu'il est éternellement jeune parce qu'il est enthousiaste, et il est enthousiaste parce qu'il a reçu en don l'intuition de la Beauté idéale. Il chante l'enthousiasme né de la vision intérieure, il célèbre le positif et non le négatif de l'être, il exalte la Poésie, il se garde de la Prose.

DU MOUVEMENT DES FORMES MUSICALES (1)

L'esprit humain fait œuvre d'art entre deux pôles également respectables. En l'un, réside le souci légitime de la tradition. En l'autre, règne, de par la vie, l'aspiration incessante à des formes nouvelles.

En abordant cette étude, voici, ce nous semble, le premier point à élucider.

La Nature, notre Mère, modèle parfait des formes contingentes en ce monde, va-t-elle nous livrer le secret des renouvellements périodiques engendrés dans son sein par le mouvement de la vie.

L'observation nous fait voir la multiplicité des phénomènes du Renouveau se réincarnant en des formes universellement les mêmes où chacune d'elles ne manque jamais de répéter fidèlement l'exemplaire du Type antérieur qui la caractérise.

Si l'art suivait cette voie, il consisterait en une série de copies, toujours les mêmes. Point d'imagination, point d'invention. Un procédé byzantin est contraire évidemment à l'évolution de la vie qui anime la société.

Mais pourquoi ne trouvons-nous pas dans les rajeunissements du monde extérieur le modèle que nous cherchons ?

(1) Impénitent, je crois au dessin musical, je crois à la pondération, je crois même à la symétrie tempérée par la grâce ou l'eurythmie.

Nous l'avons vu plus haut, l'Univers est dans sa période d'épanouissement. L'humanité, au contraire, s'avance actuellement dans la période de l'élan, en marche vers l'au-delà mystérieux de l'autre vie, où alors seulement s'opérera son épanouissement. Ainsi, au point de vue de l'évolution périodique, il y a différence radicale de manière d'être entre celle de l'Univers et celle de la Société. Dans l'Univers la vie s'épanche d'après le mode de l'épanouissement : *in facto*. Dans les œuvres humaines, d'après celui de l'élan : *in fieri*.

Donc, on ne saurait conclure à l'analogie entre le procédé actuel du rajeunissement des énergies cosmiques et celui des évolutions périodiques imposées par la vie à l'activité humaine.

En considérant les formes musicales des modernes, nous y découvrons trois groupes ou cycles principaux : 1° celui du canon à la Palestrina ; 2° celui de la fugue ; 3° celui de la symphonie.

Ne semble-t-il pas tout d'abord que l'évolution du canon à la fugue et de celle-ci à la symphonie, appelle logiquement l'évolution de cette dernière à des formes nouvelles ? Car le propre de la vie est de créer des formes.

Précédemment, on a distingué soigneusement les formules personnelles et changeantes d'avec les formes permanentes et fixes. Nous avons vu que celles-ci ne sont pas le fait d'une découverte individuelle, mais le résultat d'un travail collectif qui s'opère dans les régions de la société où circule la vie artistique.

La loi universelle de la périodicité s'impose aux formules de la sonate et en atteint, quoique différemment, les formes permanentes et fixes. Comment, au point de vue de la rénovation, faut-il envisager ces formes fixes qui restent telles pendant un certain laps de temps, où elles servent de bases et d'agents régulateurs aux conceptions imaginatives des artistes, jusqu'au moment où un nouveau point de vue de l'esprit, traçant un nouveau programme, modifie les contours du cadre où viennent s'inscrire nos moyens d'expression.

Pour obéir à cette loi de la Périodicité, suffira-t-il, en conservant les grandes divisions de la sonate, d'ordonner en des moules différents les formules expressives de l'art? Ou bien l'esprit humain trouvera-t-il une forme géniale aussi différente de la symphonie que celle-ci l'est de la fugue, et fera-t-il œuvre d'art dans un monde absolument nouveau?

A notre sens, la symphonie, telle que nous venons de l'envisager dans sa genèse, est une conquête de l'humanité artiste, et l'une de ses voix les plus éloquentes pour chanter les enthousiasmes du lyrisme. La symphonie n'est point une forme adventive, comme celle du canon et celle de la fugue. C'est la figuration, l'expression sonore et rythmique d'un aspect de la Réalité. Son cadre a été rempli par Beethoven et par les premiers symphonistes à l'aide de formules personnelles agencées en des formes fixes et longuement préparées ; formes dont Emmanuel Bach, avons-nous dit, avait déterminé les contours définitifs, et auxquelles les Maîtres se soumettaient librement.

Maintenant, que nous réserve l'avenir ?

Peut-être certains d'entre les artistes continueront-ils à confier l'expression de leurs pensées à ce moule puissant de la sonate qui a porté tant de sublimes évocations. Mais sans doute, aussi, d'autres plus novateurs, essayeront-ils, sans briser le moule général, de substituer dans ce cadre intelligemment respecté, d'autres formes conductrices à celles dont se servaient les premiers symphonistes, c'est-à-dire chercheront-ils à construire différemment que ceux-ci ne l'ont fait, les allégros, les adagios, les intermezzos, etc., dont l'ensemble harmonieux constitue le grand chœur de nos expressions lyriques.

De toutes parts, le monde musical s'élance avec ardeur dans des voies nouvelles. Mais, modifier les formes actuelles est un travail fort délicat qui ne peut être entrepris au hasard, ni sans respect, je ne dis pas du passé, mais des lois essentielles de la Musique. Par exemple, changer inconsciemment, par pur esprit de nouveauté, l'ordre de succession et les caractères des mouvements de la sonate, ne ferait qu'introduire un non-sens dans leur figuration. De même encore, ce serait une faute de mépriser et d'enfreindre les lois du rythme, d'exagérer certaines qualités sans souci de l'équilibre indispensable des éléments du langage artistique. De tels procédés incohérents et sans raisons d'être ne pourraient que jeter la confusion et le trouble dans les tentatives de rénovation.

Ne répétons pas dans les arts le sophisme de J.-J. Rousseau, en essayant de construire sur des bases arbitraires l'édifice qui doit reposer sur un terrain solidement préparé. Sachons nous garder de l'injuste et méprisant dédain du passé (1), en même temps que de l'infatuation ridicule d'un avenir utopique et plein de mirifiques promesses. Que la forte et légitime aspiration à des formes nouvelles soit l'objet d'études persévérantes et réfléchies, exemptes de toute passion et de tout exclusivisme. N'a-t-on pas dit : *l'esprit souffle où il veut et comme il veut.* Laissons donc souffler l'esprit, et sans rien renier de ce qui fut beau et grand, de ce qui l'est, et de ce qui le sera toujours, regardons avec confiance cette ère nouvelle où nous entraîne notre destinée. Après des périodes inévitables d'obscurcissement et de tâtonnement, espérons qu'il se lèvera une symphonie rajeunie, toute resplendissante, et parfaitement digne de celle de Beethoven, dont l'œuvre merveilleuse et maîtresse restera toujours, comme celle d'Homère, de Phidias et de Sophocle, au

(1) Il y a dans ce passé tout un trésor d'études, d'observations, de connaissances expérimentales, patrimoine des générations qui se succèdent et qui en tirent profit pour leurs propres œuvres.

premier rang des manifestations glorieuses du génie humain.

Au-dessus des éléments perpétuellement mobiles dont se composent les contingences de l'Univers, l'observation nous fait découvrir des lois invariables qui président à leurs évolutions. Nous nous demanderons donc, pour conclure, quelles sont ces lois auxquelles l'artiste devra obéir pour accomplir sa double tâche de réformateur et d'initiateur.

Ces lois, nous les trouvons établies dans les pages précédentes de ce livre, que nous rappellerons en les formulant ainsi :

1° Loi de la Convenance, de la Proportion et de l'Harmonie ;

2° Loi du Nombre, base de l'égalité ;

3° Loi de la Périodicité, dont la race grecque fit, la première, une démonstration éclatante, en créant la cadence du vers, et par ce fait, le modèle même de la mélodie, celle-ci étant fille de cette cadence ;

4° Loi de la Résonnance des corps et des effets de l'acoustique ;

5° Loi du Type artistique, de l'Eurythmie et de la Grâce.

DE L'IMPÉRIEUX BESOIN DE NOUVEAUTÉ

Nous ne quitterons pas ce sujet sans faire remarquer que dans la société comme dans les arts, une cause toute-puissante de mouvement gît dans ce besoin insatiable de nouveauté qui nous pousse en avant, et se joint à toutes celles précédemment indiquées plus haut, pour accélérer notre marche vers le but imposé par la vie.

En l'Univers, nulle part d'inertie ; partout et toujours évolution et déplacement.

Au dessus de nous, dans une sérénité immuable, l'attraction entraîne les corps célestes en un perpétuel et identique devenir.

Autour de nous, spectacle tout différent : le monde social nous apparaît comme un champ d'action troublé par de constantes agitations, où des efforts contradictoires semblent parfois compromettre le résultat du travail collectif.

Au sein de ce labeur universel, le mouvement de la vie, le besoin de nouveauté en tête, saisit nos existences et nos œuvres, et bannissant tout repos, les précipite sur des routes inconnues, où l'homme, nous le savons, toujours en butte à la contradiction, est appelé à exercer les énergies de sa libre activité.

Dans le fiévreux conflit de tendances opposées qui agitent le Monde social, la Providence intervient cependant, et tout en respectant la liberté humaine, elle finit toujours par faire converger en l'unité finale les éléments de la diversité si souvent en lutte dans l'ardent creuset de la vie où s'élaborent nos destinées.

De ces faits nous pouvons tirer la conclusion suivante :

De même qu'en musique la dissonnance appelant

une résolution, est la cause du mouvement, de même
la loi de la vie et le besoin de nouveauté sous le nom
de Progrès, forment par une sorte d'antagonisme avec
les traditions comme une dissonnance perpétuelle,
appelant une incessante résolution. De là ce mouvement universel engendré par la vie.

APRÈS LA SONATE

A partir de l'épanouissement de la musique moderne, les pièces, autres que les canons et les fugues,
se modelèrent sur les chansons et sur les airs de danse
à la mode, en s'inspirant de leur caractère et de leur
allure. L'œuvre de Bach en fait foi.

L'avènement de la sonate modifia cet état de chose,
sans le détruire. On tira de ses formes les plans de
pièces fort en vogue, qui, ont défrayé jusqu'à nos
jours la verve des compositeurs. L'adagio enfanta
les nocturnes, les sérénades, les berceuses, les rêveries,
les ballades, etc. L'allégro a donné naissance au rondo,
au scherzo et à toutes les formes d'allure animée.

Dans la période romantique Félicien David inau-
gura la musique descriptive en introduisant la forme
nouvelle de l'ode symphonique : un texte déclamé
expliquant les péripéties exposées par l'orchestre.
Le Désert, de ce Maître est le type de ce genre de
composition.

Plus confiants encore dans le pouvoir expressif de l'orchestre, deux musiciens illustres et audacieux, Saint-Saëns et Listz, créèrent le poème symphonique, qui prétend se passer de toute intervention du verbe pour faire saisir sa signification.

De son côté, Berlioz modifia l'ancien oratorio. Il en rejeta le genre lyrique et les formes usuelles, et tenta d'y substituer le genre dramatique en adoptant la division, le style et les procédés de l'opéra.

Après être revenu quelque temps aux Suites, et cultivé copieusement les airs de ballet, on cherche maintenant pour la symphonie orchestrale, en dehors du mode lyrique, une forme dramatique autre que celle de l'ouverture.

L'étude des Maîtres du passé, si fortifiante et si pleine d'attrait pour le musicien, éveille l'imagination, instruit la technique et enflamme l'enthousiasme. Mais tout en travaillant à son grand œuvre, l'édification de la foule par l'exécution des chefs-d'œuvre immortels d'antan, l'artiste doit regarder plus loin. En toute vérité, il ne peut avancer ni retarder son heure sur le cadran immuable où viennent s'inscrire régulièrement tous les faits de la Périodicité avec leurs justes conséquences. Nous sommes bien loin déjà de l'éblouissante période d'épanouissement, qui révéla au siècle dernier tant d'œuvres géniales empreintes de la plus merveilleuse poésie. Consacrons-leur toute notre admiration et tâchons d'en tirer confort et lumières indispensables à nos propres créations artistiques. Mais ne caressons pas la folle chimère d'y revenir. Sachons bien que l'artiste soumis aux lois de la vie, et incapable de lutter contre la force invincible qui l'arrache à l'immobilité, ne peut ni s'arrêter en chemin, ni retourner en arrière.

Donc virilement en avant, en marche sans tristesse vers ce point inconnu de l'avenir, mystérieux et idéal objectif de l'humanité travaillant sans répit à l'accomplissement de son œuvre.

Si tu as reçu en don la flamme céleste, n'invoqueras-tu pas toujours, comme compagnes désirées, les fulgurantes apparitions de l'Ordre et du Type qui sont la grande joie de ton cœur, et qui ne résisteront pas, sois-en assuré, à l'appel de ton amour ?

RYTHME   MÈTRE   VERS
RÉCIT   MÉLOPÉE   MÉLODIE

C'est au moyen des sons qu'on étudie plus aisément le rôle des nombres dans tous les mouvements des durées (1).

Pour analyser les combinaisons rythmiques, saint Augustin s'est servi de l'exemple des nombres qui règlent le mouvement des cadences poétiques. Dans son traité sur la musique, il a ramené toutes ces combinaisons aux trois catégories suivantes : 1° Rythme ou nombre, 2° Mètre, 3° Vers.

1° Etre rythmé, nombreux ou cadencé, c'est témoigner dans le sujet d'une impulsion reçue de l'émoi interne.

2° Obéir au mètre, c'est mesurer le cadre général et les divisions bien accentuées des différentes unités ou entités rythmiques engendrées par cette impulsion.

3° Procéder par retour régulier de groupes périodiques, c'est rendre sensible l'ordre dans l'enchaînement des différents membres rythmiques, c'est se mouvoir selon les lois du vers.

---

(1) Saint Augustin, lettre 101, à l'évêque Nemorius.

Combinés avec le melos ou son musical, le Rythme,
le Mètre et le Vers prennent le nom de : 1ª Récit,
2ª Mélopée, 3ª Mélodie.

<hr>

RÉCIT

Le melos ou son musical joint au nombre, produit
d'abord un genre qui comprend des séries de cadences
proportionnées entre elles, mais sans formes déterminées. Aucun lien précis n'unit ces cadences pour
en faire un tout, et créer ce qu'on appelle un air ; aucun sens général ne s'en dégage. Ce genre rythmique
est donc vague et indéterminé.

Dans le rythme proprement dit, le tissu cadencé,
né de l'émotion, s'avance avec des durées amies suivant l'expression de saint Augustin.

Le récit, témoin et organe de l'émotion emportant
le melos uni au rythme, s'avance de même porté par
des successions de cadences amies qui obéissent simplement à la loi de la convenance.

Le récit ne fournit que l'indice de l'émotion un peu
vague suscitée par le sens des paroles qu'il suit pas à
pas en se conformant à leurs allures. Il n'a de figures
que celles d'emprunt que lui confèrent l'accent tonique, l'accent prosodique et l'accent oratoire. Le
concours de ces accents, émis par la voix récitante,
suffit à établir les cadences mêmes et à grouper les
diverses syllabes d'un mot autour d'une syllabe cen-

trale, condition rigoureuse de l'unité de chaque terme.
La signification rythmique du récit est donc atteinte
par la constitution d'un mot empreint de mouvement
et de sonorité.

Ainsi, on peut dire que ces formes sonores et cadencées sont comme un vêtement individuel appliqué à
chaque parole, pour traduire l'émotion qui l'accompagne et la rendre communicative aux auditeurs.

Quand la forme du mètre et les combinaisons périodiques se montrent comme dans la musique, c'est
que la forme du récit a fait place, qu'on le veuille ou
non, à celle de l'Air ; c'est qu'il y a trace au moins
embryonnaire d'une phrase musicale, d'un lien inten-
tionnel d'harmonie, et de l'ordonnance d'un commencement, d'un milieu et d'une fin, tous caractères in-
compatibles avec ceux du récit.

Le compositeur moderne, sachant marier habilement le récit et la mélopée, trouvera dans ce genre
mixte des effets puissants de variété et d'expression.

Nous venons de prononcer plus haut le mot Air.
Qu'est-ce que l'air en musique?

DE L'AIR

Nous n'avons pas trouvé d'étymologie proprement
dite à ce terme souvent employé par les musiciens.
En cherchant par analogie son sens précis dans le
domaine de la plastique, nous voyons d'abord qu'il

s'entend de la physionomie (1) d'un individu. L'air est comme la résultante des significations partielles produites par les organes expressifs. Or, il y a indice, signification des traits de la physionomie lorsqu'il y a expression déterminée et bien caractérisée de ces traits. De même une suite de cadences prend une physionomie, devient un air, lorsqu'un sens musical et rythmique s'en dégage clairement comme dans la mélopée et dans la mélodie.

Ainsi, *air* est synonyme de physionomie expressive, et physionomie est synonyme de signification des traits qui composent celle-ci. Donc, en musique *air* veut dire signification de la résultante des traits présentés par la mélopée et par la mélodie que ce terme *Air* désigne et résume en une acception générale.

MÉLOPÉE

La mélopée apparaît au moment où l'émotion franchement lyrique provoque la série de ses mouvements, et les ordonne par le nombre. L'état supérieur où se tient l'âme dans l'effusion lyrique, éveille la notion de l'ordre que le sens cherche instinctivement à manifester par la coupe de la phrase musicale. La contexture du melos, associé au rythme dans la

(1) Physionomie, φύσις nature, γνώμων indice, de γιγνώσκω je discerne.

mélopée, présente une succession de traits bien équi-
librés marchant à une fin nettement accusée. C'est
un discours musical auquel il ne manque que les
retours périodiques de membres de phrases pour être
une pièce de vers ou mélodie.

L'école contemporaine choisit de préférence la
forme de la mélopée pour traduire les mouvements
lyriques répandus dans ses œuvres. Elle laisse de
côté la mélodie, dans laquelle tant de Maîtres avaient
incarné leurs plus sublimes inspirations. En cela elle
obéit à cet instinct secret qui pousse la société
actuelle à rechercher le mode et l'expression de la
vie dans toutes les branches de l'expansion sociale.

La mélopée court plus vite que la mélodie, dont
les retours obligés entravent la marche. On pourrait
dire peut-être que la première convient mieux à
l'élan, et que la seconde s'accorde avec l'épanouissement; sans prendre, toutefois, trop rigoureusement
à la lettre ces diverses aptitudes des deux formes de
l'air.

La mélopée, en tant qu'association du melos et du
rythme avec la parole, se plie mieux que la mélodie
à l'interprétation rigoureuse de la phrase du texte.
En outre, par la simplicité de sa forme, moins
ambitieuse que celle de la mélodie, elle offre, dans
l'espèce, ce grand avantage de moins attirer sur elle
l'attention qu'elle éveille et qu'elle sollicite par le
triple appel du melos, du rythme et de la parole.

Dans le récit, le mot, comme isolé, est revêtu simplement de sonorité et de mouvement. Dans la

mélopée, ce mot sonore fait partie d'un dessin qui constitue la phrase musicale. Nous avons dit que le récit possédant une valeur qui lui est propre, porte son genre de beauté. Mais nous comprenons, d'après ce qui précède, qu'en soi il est inférieur à l'air, au point de vue purement musical. Ce serait donc une grave erreur de tendre, en vertu de je ne sais quelle théorie, à déformer la mélopée pour la ramener à l'allure du récit. Il y a un progrès du récit à la mélopée, comme de la mélopée à la mélodie, parce qu'il y a plus de perfection absolue dans la mélopée que dans le récit et dans la mélodie que dans la mélopée.

MÉLODIE

La mélodie est la forme par excellence du melos associé au rythme, puisqu'elle met en œuvre toutes les richesses combinées de l'un et de l'autre : voix chantante et périodicité rythmique avec leur intensité complète d'expression. Pour démontrer la supériorité de cette forme de l'air, il suffit de la définir.

Nous dirons, cependant, que le mérite absolu de la mélodie sera parfois contesté quand elle marche unie à des paroles ; parce que dans certains cas, l'effet de celles-ci s'effacera peut-être quelque peu devant celui de la forme ciselée, ornée et toute persuasive que présente le retour rythmique des membres dont se compose la mélodie.

Mais celle-ci donne bien mieux que la mélopée l'impression de l'égalité et de l'unité. Elle résume une situation ou un sentiment en un cadre défini qui montre clairement le sens proposé. Au point de vue du rendu dans les effets d'ensemble, une idée gagne à revêtir cette forme musicale. S'il arrive que certains effets de l'expression du verbe associé au melos et au rythme perdent de leur relief, sous l'influence prépondérante de la forme périodique, en revanche, l'œuvre complexe se dessine, s'arrondit et jaillit en sa resplendissante unité, grâce au concours figuratif et à l'agencement symétrique des traits qui la circonscrivent.

La mélopée et la mélodie, dans la progression de leurs cadences, sont soumises l'une et l'autre à l'observance rigoureuse de l'ordre par les nombres; avec cette différence, toutefois, que la mélopée assez simple s'occupe exclusivement des cadences finales, tandis que la mélodie, plus recherchée dans son travail, avec le souci de ces cadences, prend grand soin de l'arrangement intime et symétrique des membres de phrases qu'elle ordonne dans son évolution. On manque donc absolument au sens naturel de l'ordre, quand on établit, par exemple, une partie du rythme sur l'égalité et l'autre partie sur l'inégalité. Cette prétendue recherche de l'indépendance, cette confusion entre la licence et l'eurythmie, en vue de donner aux dessins la souplesse et la grâce qu'on n'est pas assez habile à trouver dans l'ordre, caractérise une tendance malheureuse, selon nous, des écoles contemporaines, et appelle toutes nos réserves.

Chacune de ces formes : Récit, Mélopée, Mélodie, a son genre de mérite et sa fonction propre dans la mise en œuvre des signes esthétiques. Il s'agit de bien choisir, et de les employer judicieusement. Sans porter atteinte à l'excellence de l'air, il faut reconnaître, par exemple, que les durées rythmiques réglées par la concordance sont éminemment aptes à s'unir à la parole, quand, voulant donner à celle-ci le rôle prépondérant, on ne cherche point à captiver l'attention par les enchantements de la périodicité. Car, les retours marqués et les élégances harmonieuses du vers, sont pour l'âme dominée par la musique autant de causes de distraction qui la détournent le plus souvent de l'attention à donner aux paroles.

Tout le monde sait qu'il est difficile de penser au milieu du bruit et dans une lumière éclatante, parce que les sensations vives offusquent la sensibilité, entravent le libre exercice des opérations intellectuelles. Il en est absolument de même des sensations de sonorité, non seulement de celles qui sont fortes et éclatantes, mais aussi de celles qui sollicitent vivement l'attention du sens artistique par la persistance des répétitions de l'ictus rythmique, et par l'entraînement des effets de la périodicité.

Aussi, on comprend très bien que l'Eglise catholique ait adopté de préférence le mode concordant pour ses expressions musicales, afin de laisser au Verbe toute son importance et toute son autorité. Cependant, quand le mouvement lyrique se dessine dans ses prières, elle entonne pieusement les hymnes

et les cantiques qui n'occupent, il est vrai, qu'une
place restreinte dans sa liturgie, mais qui montrent
néanmoins que l'art traditionnel de la musique chré-
tienne admet dans une certaine limite le concours de
chants strictement mesurés.

Quel que soit l'agent résonnateur du rythme et producteur du coloris dans le melos, le véritable artiste
proclamera la beauté souveraine et indéniable de la
mélodie dans sa part d'influence sur l'émotion esthétique.

Mais, il faut bien l'avouer, au milieu de nos efforts
pleins de troubles et d'agitations, les traits calmes et
réguliers de la mélodie correspondent mal aux aspirations inquiètes de la multitude. Aujourd'hui, on
délaisse cette forme de l'air, on se raille d'elle, on la
remplace par je ne sais quoi de coloré, il est vrai, mais
de confus et de mal pondéré qui est mieux en harmonie avec l'allure tourmentée du mouvement social
actuel. Jusqu'au moment où une phase nouvelle de la
civilisation amènera, au renouveau prochain, une
nouvelle irradiation des formes de l'art et de celles de
la mélodie.

FORMES PÉRIODIQUES DE L'AIR

Les phrases de l'air sont soumises à la loi des nombres, comme tout ce qui est successif. Elles s'enchaînent au gré de l'artiste en des formes périodiques désignées plus haut sous les noms de δικωλον, τρικωλον,

τετρακῶλον, ou *bimembris, trimembris, quadrimembris*.
Les enchaînements de phrases musicales à trois membres, où le trio joue un rôle distinct vis-à-vis des deux autres parties, tirent leur origine ainsi que nous l'avons dit précédemment de l'ode, dont l'épode, qui correspond au trio, se détache de l'ensemble comme allure et comme coloris.

C'est de la période τετρακῶλον, *quadrimembris* qu'est né le rondo de la musique moderne, dont la forme exige rigoureusement qu'on établisse quatre fois l'exposition périodique du motif.

Les traités spéciaux expliquent les formes diverses du Canon, de la Fugue, de la Sonate ou Symphonie, etc.

PLAIN-CHANT

EMOTION, ENTHOUSIASME

> A son origine, le plain-chant n'est au
> fond que l'effusion sonore du sentiment
> de componction né à l'occasion des
> textes liturgiques.

L'histoire nous a conservé un document extrêmement curieux et instructif. C'est l'acte authentique de la séance qui eut lieu à Hippone le 24 septembre 426, dans l'église de la Paix, lorsque saint Augustin présenta au peuple son successeur Héraclius.

Voici les principaux traits de ce document :

« ... Rendons grâces à Dieu. Louange au Christ ! Ces cris furent répétés vingt-trois fois. Christ, exaucez-nous, prolongez la vie d'Augustin. Le peuple répéta cette prière seize fois. Il dit huit fois à Augustin : Vous pour père, vous pour évêque...

« ... Vous le voyez, les notaires de l'Eglise recueillent ce que nous disons et ce que vous dites : mes paroles et vos acclamations ne tombent point à terre. Pour parler plus clairement, ce sont des actes ecclésiastiques que nous faisons en ce moment.

« ... Alors le peuple s'écria trente-six fois : Rendons grâces à Dieu ! Louanges au Christ ! Il répéta treize fois : Christ, exaucez-nous, prolongez la vie d'Augustin. Il répéta huit fois : Vous pour père, vous pour évêque. Il répéta vingt fois : Il est digne, il est juste. Le peuple répéta cinq fois : Il a bien mérité; il est bien digne (1). »

On est frappé tout d'abord à cette lecture par la puissance expansive et le tempérament enthousiaste des populations de ces âges. La propension au lyrisme, inhérente à la jeunesse des races et des individus, s'accuse de plus en plus à mesure qu'on remonte dans l'histoire de l'humanité. Ainsi en Egypte, le geste ou la danse était toujours uni intimement au chant. Leurs hiéroglyphes nous en donnent la preuve. La musique y est représentée invariablement par une langue au-dessus d'une main. Chez les Grecs, cette alliance des gestes et de la voix est constante dans les chœurs. Ceux qu'on nommait Αγλαι ou κωμος, accompagnés de la flûte, étaient en quelque sorte des cérémonies bruyantes qui, suivant un auteur, tenaient plus de la procession que de la danse, et où chacun, au gré de son enthousiasme, pouvait mêler ses chants et ses cris de joie.

Tel était, ou à peu près, le caractère enthousiaste des cérémonies qui accompagnaient le culte des mystères. Les habitudes d'improvisation dans l'expression des sentiments de la foule, telles que le procès-verbal de la séance d'Hippone vient de nous les révéler,

(1) *Abrégé de l'Histoire de saint Augustin*, par POUJOULAT, page 205.

ces explosions spontanées de figures et de langage imagé, et sans doute aussi de rythme et de melos, se transformèrent en un art dans la suite des siècles. Au Moyen Age, quelques-unes des écoles d'improvisation acquirent une grande célébrité. Richard Wagner en a fixé le souvenir avec ses *Maîtres-Chanteurs*. Ce qui révèle le caractère de ces institutions, c'est que, d'après la tradition, Wolfram d'Eshimbach, le maître-chanteur par excellence, ne savait pas lire. L'enseignement de l'école artistique des chantres était tout oral et traditionnel.

Pour juger sainement tous les faits de spontanéité et d'improvisation dans les expressions artistiques des âges qui sont bien loin de nous, il est évident qu'il faut se placer autant que possible par la pensée dans les temps et le milieu où ils se sont produits. Nous remarquons à ce sujet que ce caractère de spontanéité du langage s'attache généralement aux expressions de la pensée dès son origine jusqu'à la Renaissance; tandis que depuis cette époque c'est la réflexion et la science qui s'imposent et qui tendent de plus en plus à régler en tous ordres, les manifestations de l'activité humaine.

Revenons maintenant à Hippone pour examiner l'origine du *Te Deum*.

Parmi les chants du rite ambroisien qui sont parvenus jusqu'à nous, on trouve sous la musique d'une antienne du ton de la deuxième espèce d'octave le texte suivant :

« *Baptizat Augustinum Sacerdos Ambrosius; ambo*

statim modulantur : Te Deum, laudamus. Le prêtre pontife Ambroise baptise Augustin ; et tous deux entonnent aussitôt : Nous vous louons ! Seigneur. »

Fétis, citant cette antienne (*Histoire générale de la Musique*, livre IV, page 137), fait remarquer que la mélodie de ces dernières paroles est précisément l'intonation du *Te Deum*, et qu'il y a là un argument en faveur de l'origine de ce cantique attribué par la tradition à la collaboration de saint Ambroise et de saint Augustin.

En effet, après les cérémonies de l'acte du baptême d'Augustin si longtemps attendu et si solennellement accompli, ne semble-t-il pas naturel de penser que l'enthousiasme religieux de saint Ambroise et du néophyte, les a poussés à improviser sur place ce chant d'action de grâce. L'un et l'autre y étaient admirablement préparés. Saint Ambroise, prêtre et musicien par excellence, comme sa liturgie en fait foi ; saint Augustin, littérateur émérite, versé dans tous les arts, et qui devait écrire quelques mois plus tard, son traité admirable sur la musique.

En rapprochant le texte de l'antienne citée plus haut, de l'acte dressé dans l'église de la Paix, à Hippone, dont nous venons de parler, acte qui nous peint les mœurs ecclésiastiques si expansives des IVe et Ve siècles, nous sommes induits à nous représenter saint Ambroise improvisant dans son émotion religieuse le premier verset du *Te Deum* que le peuple répétait peut-être. Saint Augustin, à son tour, improvisant la seconde strophe, répétée également par la foule : les alternances des saintes exultations se succèdent ainsi, et ne s'arrêtent que lorsque l'enthousiasme du pontife et du baptisé a épuisé les traits de louanges dont leurs cœurs enflammés étaient remplis. Tout ce que nous avons vu précédemment autorise cette conjecture ou tradition assignant à saint Ambroise et à saint Augustin la paternité de ce chant tout débordant d'enthousiasme, et unique en son genre, il est difficile d'admettre que les auteurs du *Te Deum* l'aient composé dans une froide collaboration, alors que les coutumes ecclésiastiques autorisaient un autre mode d'expression, appelé d'ailleurs par la solennité du baptême d'Augustin.

La mémoire, étant très exercée à ces époques où l'on écrivait fort peu, conservait dans l'assemblée le souvenir de ces magnifiques versets que leurs auteurs ont pu rectifier ou modifier plus tard.

L'importance d'un tel acte religieux exigeait peut-être dans les coutumes de l'Eglise au ive siècle, la présence de notaires ou scribes enregistrant les faits comme nous l'avons vu à Hippone, c'est-à-dire écrivant le procès-verbal de la cérémonie, et reproduisant, aussi fidèlement que possible, les actes accomplis et les paroles prononcées en cette circonstance.

Quant à la musique, elle nous semble rappeler les psalmodies orientales. Ce ne serait donc que l'adaptation occasionnelle, judicieuse, et libre, de paroles nouvelles à un moule musical préexistant dans ses formes essentielles.

Une conclusion générale à tirer, c'est que les populations de l'empire romain ont conservé assez long-temps, sinon une culture réelle, tout au moins une certaine aptitude à la Poésie et à la Musique ; aptitude que les Barbares du Nord, dans les siècles qui précédèrent l'ère des grandes cathédrales, peut-être n'apportèrent plus en concours, au zèle religieux des évangélisateurs.

Une autre conclusion, c'est qu'un caractère de profonde émotion se découvre très certainement dans la genèse des pièces primitives du Plain-chant. Cette observation aide à comprendre la raison d'être de l'allure enthousiastique des Neumes et des Jubilus dont saint Bernard, au commencement du XIIᵉ siècle, avait déjà perdu la tradition, et contre lesquels, faute sans doute de ne les avoir pas compris, il s'élève vivement dans sa réforme liturgique.

CLASSIFICATION DES PIÈCES DU PLAIN-CHANT

Les pièces de musique désignées sous le nom de Plain-chant, sont loin d'avoir le même caractère et la même origine. On les range ordinairement en trois catégories. L'une renferme les antiennes, les graduels, les traits, les introït, les répons, et l'autre les hymnes et les proses, enfin la troisième les psaumes.

On peut dire d'une façon générale que les antiennes sont soumises à la loi de l'accent, que les hymnes et les proses, sauf quelques exceptions, obéissent au

mètre régulier, le plus souvent à la quantité prosodique. Quant au chant des psaumes, totalement différent de celui des antiennes et des hymnes, on constate en eux des caractères remarquables de régularité
et de fixité. Il se compose d'une intonation, d'une
médiation et d'une terminaison absolument et nettement déterminées, qui sont invariables pour chaque
mode, mais qui changent avec chacun d'eux.

Arrêtons-nous un instant devant le psaume.

Sa phrase musicale est vraiment une phrase mélodique. Elle a du mouvement, du nombre. Elle obéit
très exactement à la loi de l'égalité par ses deux membres de phrase, dont l'un finit avec la médiation et
l'autre à la terminaison. L'intonation, au début, fixe
immédiatement le mode ou la gamme dans laquelle
le chant s'exécute. Chacun des membres de phrase
comprend une teneur ou suite de sons plus ou moins
nombreux, suivant la série de notes nécessaires pour
chanter ou réciter intégralement toutes les paroles du
texte, dont les syllabes ne sont pas mesurées strictement comme dans le vers.

On n'a pas remarqué assez la singulière puissance
esthétique de cette forme musicale, dont les figures
très nettement dessinées, laissent néanmoins aux paroles toute latitude pour produire les effets qui leur
sont propres. Il y a là un modèle excellent de l'emploi du melos et du rythme unis à la parole et formant une société parfaite, sans qu'aucun de ces trois
éléments perde la moindre partie de sa valeur dans
l'exécution du plan assigné au psaume. Ajoutons que

nous voyons dans cette forme de chant le modèle d'une sorte d'air à couplets, réalisant l'égalité dans sa coupe et sauvegardant constamment tous les droits de la parole au milieu de cet expressif concours de rythme et de melos (1). La variété des tons amène celle de l'intonation, de la médiation et de la terminaison, et lutte contre la monotonie inséparable de longues répétitions.

Ainsi, nous découvrons dans le psaume tous les éléments essentiels de l'œuvre d'art : le mouvement engendré par l'émotion, l'ordre établi par le goût, la liberté réservée au jeu des répétitions de la mélodie, toutes qualités suffisantes pour établir et maintenir l'âme dans l'état esthétique, c'est-à-dire pour la faire se recueillir et concevoir le Vrai et le Bien au sein de l'Ordre et du Beau.

Or, le chant des psaumes absolument différent de celui des antiennes et des hymnes, nous venons de le voir, soulève une question intéressante. Leur texte latin, est une traduction des psaumes hébraïques, et présente des similitudes dans leurs dispositions générales avec l'aménagement poétique de leurs modèles. D'autre part, l'économie musicale associée à ce texte latin, est basée sur celle des modes de la musique grecque. Comment expliquer ce concours d'éléments différents, opposés même, ce semble, dans la constitution du psaume latin ?

(1) Ce qui n'a pas lieu généralement dans le couplet moderne où la répétition intégrale du même air exigerait une conformité absolue entre la disposition des paroles de la première strophe et celle des strophes qui suivent.

NOMES

—

C'est en étudiant le Nome dans ses origines et dans les traces qu'il a laissées au sein des peuples où il a été connu et respecté, que nous pensons pouvoir expliquer cette filiation mystérieuse de formes orientales à travers le monde payen jusqu'à nos jours.

Les premiers habitants de l'Europe furent les enfants perdus de l'émigration humaine, partis de l'Asie. Ils s'étaient éloignés du berceau commun, sans avoir recueilli préalablement des connaissances suffisantes pour se développer dans leurs nouveaux domaines, en dehors de la guerre et de la violence.

Leurs frères, restés plus longtemps sur le sol natal, s'y étaient assimilé un fonds de notions traditionnelles et expérimentales, qu'ils allèrent porter plus tard au delà de la mer Egée, dans les premiers établissements de leurs aînés dont ils policèrent les populations vivant encore au sein de la grossièreté et de la sauvagerie.

En effet, l'histoire nous apprend qu'après les Pélasges, la Grèce reçut de nouveaux éléments de civilisation, à l'arrivée des Δαναοί. Ces colonies, qui émigraient des rivages méditerranéens de la terre d'Egypte, n'étaient point des fils de Mis, mais descendaient d'une souche japhétique (1). Elles apportaient

(1) Les Δαναοί, en côtoyant les rivages de l'Egypte, y avaient puisé des connaissances dans les arts et dans les

avec l'olivier, le froment, et les pratiques agricoles, un ensemble de traditions orientales, que les peuplades, premières occupantes du sol, s'assimilèrent rapidement. Pour régler l'essor de ces sociétés naissantes, leurs fondateurs et leurs sages érigèrent en lois les maximes de leurs doctrines, et ils les associèrent à des formules poétiques et musicales, afin de les graver plus efficacement dans la mémoire.

Telle fut l'origine des Nomes (1), entourés de vénération chez les peuples qui les reçurent comme étant l'expression de la vérité religieuse et de la loi sociale.

Ces Nomes portaient forcément dans leurs formes l'empreinte orientale de la terre d'où venaient les civilisateurs, qui les faisaient accepter ou les imposaient de force aux hordes sauvages de la Grèce primitive.

A l'origine, les nomes ont été associés aux différents tons ou modes pratiqués dans la musique ancienne. En effet, ces modes portent le nom de chacune des peuplades qui les avait adoptées primitivement : mode Eolien, mode Dorien, mode Lydien, mode Phrygien, etc. Ils remontent à une très haute antiquité, puisqu'on voit dans leur nomenclature des noms de peuples qui disparurent de bonne heure de la terre hellénique, tels que les Eoliens, par exemple.

Nous savons aussi que ces divers modes servaient à distinguer les diverses peuplades, lorsqu'elles se ren-

sciences, analogues à celles que Moïse avait apprises dans le collège des prêtres égyptiens, et dont il se servit pour organiser le peuple hébreu.

(1) Nome, νόμος, loi.

daient périodiquement aux assemblées générales de la Grèce, chacune d'elles chantant la formule musicale et poétique dont elle avait l'usage exclusif (1).

Que chantaient donc sur ces modes divers les peuplades se rendant aux assemblées solennelles de la Grèce? Évidemment les paroles de pièces poétiques qui jouaient un rôle important dans chacune de ces sociétés.

Tout fait supposer que c'étaient ces nomes mêmes, véritables chartes distinctives des premières sociétés, que faisaient entendre les tribus accourant aux assemblées générales. Ces chants d'origine orientale, toujours respectés dans leurs formes à cause du caractère sacré dont ils étaient revêtus, traversèrent les premiers âges de la fusion et du développement des éléments qui constituèrent la race hellénique. Après de longues luttes et la victoire définitive d'Apollon et de Bacchus (2), chefs d'une nouvelle invasion orientale, les nomes furent supplantés par l'ode et par le dithyrambe, qui devinrent les formes par excellence du monde payen. Toutefois, en ces âges où la pénétration sociale était lente et incomplète, les

(1) Jules Ward et Vincent.

(2) Hésiode disait : « Les dieux sont vieux de trois cents ans ». Ce qui ferait remonter l'invasion du paganisme à peu près au quinzième ou seizième siècle avant notre ère. Cette date serait celle de l'époque où les vieilles traditions religieuses apportées par les premiers civilisateurs de l'Orient furent détrônées et remplacées par les doctrines du polythéisme, probablement originaires de l'Egypte. Les anciennes croyances monothéistes furent cependant défendues vigoureusement, témoin la lutte acharnée que Prétus, roi de Tirynthe, aidé de

nomes subsistèrent plus ou moins défigurés dans la mémoire des peuples, comme nous avons vu depuis les légendes et les chants populaires se transmettre oralement de siècle en siècle, à travers de nombreuses générations.

Dès lors, on conçoit que les créateurs du Plain-chant aient emprunté à l'arsenal de la musique grecque des formes d'origine orientale et d'usage populaire, formes dont la fusion a constitué le psaume latin tel qu'il est parvenu jusqu'à nos jours.

Le psaume latin est donc la manifestation et l'affirmation du principe de l'Egalité par la dualité de ses membres semblables (apport oriental), auxquels viennent s'ajouter l'Intonation, la Méditation et la Terminaison, variées suivant le mode (apport hellénique et occidental).

CARACTÈRE ET MODIFICATION

Cette première période musicale, si pauvre en documents, s'étend jusqu'à l'introduction du paganisme en Grèce. Nous pouvons fixer son caractère général

sa fille aînée, soutint contre un lieutenant de Bacchus. Les vieux récits nous disent que le roi de Tirynthe, vaincu et obligé de donner sa fille en mariage au vainqueur, fut contraint d'adopter les rites nouveaux (*). Mais la tradition du passé ne put se perdre entièrement. Les nomes continuèrent donc longtemps encore à prolonger l'écho toujours plus affaibli des anciennes croyances.

(*) Cours de M. Berlioux, *passim*.

en déterminant celui de la poésie hébraïque, qui fait partie du fond commun de ce patrimoine oriental, d'où sont sortis les premiers éléments de civilisation des sociétés grecques.

Voici une définition qui nous semble en montrer nettement la physionomie.

« Comment faire sentir le rythme de la Poésie hébraïque, ce rythme si particulier qui ne consiste pas, comme chez les Grecs et les Latins, dans un mètre rigoureux, mais dans ce qu'on appelle le Parallélisme, ou division de la période en deux membres, dont le premier contient une pensée, qui, dans le second, est tantôt répétée en termes différents, tantôt relevée par un contraste, mais toujours par des phrases de même nature, composées d'un nombre de mots à peu près égal. Et ce parallélisme, cependant, c'est l'accent, l'âme même de la poésie hébraïque. »

A. Φ.

Remarquons que ce parallélisme, cette coupe à membres binaires, reproduit dans son moule plus ou moins parfait, l'image de l'égalité, dont saint Augustin a dit que l'âme dans le rythme *ne goûte rien que par elle*. L'égalité est donc la forme initiale, naturelle, primesautière de l'expression poétique. Encore que ce soit une forme parfois embryonnaire et un peu fruste, c'est toujours sous le mode de la répétition, qu'à l'aurore des civilisations éprises des qualités du beau, s'épanchent, chez les races neuves, les facultés vigoureuses de l'imagination

C'est ce type de poésie et de musique, dont le

nome est la figure la plus intéressante que les premières sociétés grecques reçurent de l'Orient, et pratiquèrent à partir de ces âges reculés appelés peut-être improprement : temps préhistoriques.

Sous l'influence du paganisme et de la civilisation grecque, avec l'invention du vers, les deux parties un peu élastiques qui constituaient le nome des anciens, s'étaient transformées en la strophe et en l'antistrophe, dont le mètre était strictement mesuré. Suivant l'opinion généralement admise, ce fut Stésichore qui compléta le mode d'égalité binaire par l'adjonction de l'épode, dont l'emploi obligé après la strophe et l'antistrophe, porta désormais à trois le nombre des éléments de l'ode. Cette constitution du chant par excellence en trois unités ou groupes exactement mesurés, est devenue, chez les modernes, l'origine et le modèle de la division des airs en trois compartiments, division où l'on voit le trio jouer le même rôle que l'épode, en se détachant sur l'ensemble comme dessin, coupe et coloris.

Quant à l'art même du Melos, nous sommes dans une très grande ignorance sur ce qu'il était, non seulement dans les périodes primitives, mais encore à Rome et à Athènes. On possède, il est vrai, les textes de la poésie et de l'éloquence de ces peuples, mais on ne sait guère comment ils disaient les vers ni comment ils débitaient leurs discours. On n'est pas d'accord sur le rôle du joueur de flûte qui accompagnait l'orateur. Nous le répétons, il est à tout jamais regrettable que saint Augustin n'ait pas eu le loisir de parfaire son traité sur la musique, en ajoutant aux six livres composés sur le rythme, les six livres qu'il s'était proposé d'écrire sur le melos, ainsi qu'il nous l'apprend lui-même dans sa lettre célèbre à l'évêque Nemorius citée plus haut. La tradition des faits littéraires et musicaux, encore vivante de son temps, fut violemment interrompue par les siècles d'invasions, d'obcurcissements et de troubles qui suivirent. Cette tradition n'a pas été renouée encore dans les temps modernes ; les recherches des érudits n'ayant mis en lumière jusqu'à nos jours, aucune découverte incontestable sur l'art du melos chez les anciens.

COUP D'ŒIL.

SUR L'ART DE SAINT AMBROISE, DE SAINT GRÉGOIRE, DE PALESTRINA
ET DE MONTEVERDE
ET SUR QUELQUES PROBLÈMES DE MUSIQUE
QUI EN DÉCOULENT

Des auteurs ont inféré de la lecture des pièces de la liturgie ambroisienne que leurs chants étaient strictement mesurés. Sans doute, à cette époque on connaissait et on pratiquait les lois du rythme, puisque saint Augustin, contemporain de saint Ambroise, avait poussé très loin cette étude du rythme et de ses figures basée sur l'égalité, en même temps qu'il traitait minutieusement des silences accompagnant les sons articulés, et concourant à l'intégrité de leurs successions.

Mais en admettant que les hymnes ambroisiennes aient été strictement mesurées, on ne peut ranger dans la même catégorie d'autres chants religieux, le *Te Deum* par exemple, dont la paternité paraît bien remonter à saint Ambroise et à saint Augustin, et où le rythme n'a pas pour origine la quantité prosodique.

Saint Augustin raconte dans ses *Confessions* qu'au moment de la persécution arienne en 386, pour que le peuple ne s'ennuyât pas durant les nuits entières qu'il passait dans l'église auprès de saint Ambroise, on ordonna qu'on chanterait des *hymnes* et des *psaumes* suivant l'usage de l'Eglise d'Orient.

Nous constatons donc ici l'existence traditionnelle du chant des psaumes à l'aurore des sociétés chrétiennes, concurremment avec celui d'hymnes religieuses.

Ces psalmodies hiératiques issues de l'Orient, traversèrent, en conservant leurs traits essentiels, les siècles et les périodes de transformation du chant grégorien. Nous les retrouvons de nos jours à côté du plain-chant et de la musique moderne, jouant le même rôle qu'elles ont joué constamment durant les phases diverses de l'évolution de l'art musical religieux. En considérant ce mystérieux psaume qui se dresse devant nous avec son aspect si caractéristique, si étrange même, un peu comme le Sphinx interrogateur de la Terre qui l'a envoyé, ce qui excite à la fois notre étonnement et notre admiration, c'est de voir que ce parallélisme des textes sacrés traduits de l'hébreu, semble avoir eu le privilège d'assurer la pérennité à leur mode d'expression musicale, dont nous avons reconnu précédemment la rare perfection.

Quelle est donc la vertu singulière de cette égalité dont saint Augustin signale avec tant de zèle, le rôle prépondérant dans les évolutions du rythme?

PLAIN-CHANT PROPREMENT DIT
DU GENRE DE L'ANTIENNE

Quant aux antiennes, aux introïts, aux offertoires, aux communions, etc., l'accent a présidé seul à l'agroupement de leurs éléments sonores et rythmiques. Les traits et les figures qui en résultent sont le fait de l'émoi religieux, c'est-à-dire de la componction. En dehors de la componction dont nous allons parler, on ne saurait concevoir, dans leur création les motifs de ces chants simples et naïfs.

On nomme orthophone le genre des pièces où le chant marche pas à pas, fournissant sur chaque syllabe à l'expression de l'émoi, une effusion musicale adéquate au mouvement de l'âme, mais sans souci du contour des formules sonores.

Qu'une flamme plus ardente de componction soulève la poitrine de l'adorateur et du suppliant, aussitôt et instinctivement, d'après la loi naturelle de l'expression reconnue plus haut, dans l'étude de l'interjection, le melos ou son musical devient plus abondant, et se prolonge sous la syllabe en formant ces figures qu'on désigne du nom de *Neume*. De là ces deux divisions ou genres : le genre orthophone et le genre neumatique. A celui-ci il faut rattacher le *Jubilus* qui est l'extension du melos pur sous la syllabe finale d'un mot, où il forme en se déroulant des successions plus ou moins longues de traits et de figures sonores, dont on a long-temps méconnu la signification.

L'intensité du mouvement dans le jubilus et dans le genre neumatique trahit l'émoi religieux, et, je dirai presque, mesure la tension psychique développée dans le cœur par l'effusion de l'amour.

C'est une erreur de croire que le plain-chant ait débuté par le genre orthophone, et que les figures neumatiques se soient développées à mesure que l'art liturgique se perfectionnait en évoluant vers les temps modernes. Les travaux des musicologues ont établi au contraire que dans la liturgie primitive de l'Orient, le chant s'épanchait en un tissu semé de fréquentes et longues arabesques. Il en était de même en Occident. Le procès-verbal cité plus haut de la scène religieuse de 426 nous a révélé chez les chrétiens des premiers siècles, une grande spontanéité dans la vive expression de leurs sentiments.

Mais pour entendre convenablement le plain-chant, il faut étudier surtout un fait psychologique qui exerça une grande influence dans la création des mélodies religieuses.

Nous voulons parler de la componction.

Inconnue des civilisations grecque et romaine, elle ne l'était pas complètement des juifs, puisque leurs psaumes en font mention. La componction est une sorte de retour de l'âme émue et touchée sur elle-même, sur ses rapports avec la divinité, dans un sentiment profond de sa faiblesse et de son néant en face de la majesté de l'être souverain. Ce qui caractérise surtout la componction, c'est qu'elle est l'effusion d'un cœur humilié dans l'amour, et tout vibrant de contrition.

En un mot, la componction prosterne l'homme au pied de Jéhova, et traduit l'état de l'âme du suppliant adorant l'Eternel.

De là résulte un mouvement particulier qui enfanta dans les premières manifestations musicales de l'art sacerdotal, ces effets sonores et rythmiques désignés sous les noms de *neume* et de *jubilus*.

La componction nous apparaît donc comme un moteur puissant d'expressions religieuses manifestées à l'origine par les figures neumatiques.

Dans les pièces anciennes du chant ecclésiastique, l'art fait défaut, mais non le sentiment. On y constate comme dans l'interjection, rythme abondant et senti, prolongation des sons par la voix récitante ou chantante, en un mot, allure musicale.

Mais on n'y découvre aucune préoccupation d'un arrangement artistique. Le jet spontané de l'émoi trace les figures du melos et du rythme qu'il enfante, comme le style des instruments sémiographiques enregistre, par exemple, les vibrations de telle ou telle corde.

Ces grisailles naïves, ces effusions mystiques qu'on nomme des introïts, des antiennes, des graduels, des offertoires, des traits et des répons, nous semblent empreints de cette monotonie de tons qui caractérise généralement les œuvres indécises et ternes du moyen âge. Sauf quelques pièces qui nous impressionnent, le sens de la généralité de celles que nous venons de nommer échappe à notre compréhension. Si l'on cherche à les étudier, on ne trouve en elles que mystère et insondables problèmes, posant, cette incessante question : Que sommes-nous musicalement parlant?

Lorsque la quantité prosodique fut oubliée, l'accent tonique présida seul pendant plusieurs siècles, à la distribution rudimentaire de l'ordre dans le discours musical. Lorsque, plus tard, on chanta des vers rigoureusement prosodiés, le rythme devint choisi, et se modela sur le pied lui-même dans une inspiration mieux ordonnée et plus savante. L'émotion moins spontanée y joua un rôle moins prépondérant, et finit par se soumettre aux exigences de la musique.

LE JUBILUS

Le jubilus est une série de notes émises après la dernière syllabe d'un mot, d'une distinction, d'une phrase musicale ou d'une pièce de musique. Comme son nom l'indique, le jubilus est un chant d'allégresse. On dirait que l'émotion religieuse n'a pas été exprimée complètement par le chant de la pièce, ou bien que l'élan intérieur s'est renouvelé. A défaut de paroles absentes, l'émoi que le chanteur ne peut contenir, s'épanche dans le melos pur, uni au rythme, par ces suites de notes qui ne deviennent intelligibles que lorsque, au lieu de les considérer en elles-mêmes, on se rapporte à la cause qui les a fait naître.

Tels ces chants spontanés et naïfs, mystérieux transports éclos sur les lèvres des adolescents qui se plaisent à les répandre en longues kyrielles, fruits inconscients des émotions qui viennent solliciter leurs jeunes cœurs, à l'âge où le sens de la vie s'éveille en eux, et où les facultés commencent à entrer en exercice.

On perdit assez vite le sens des neumes et du jubilus. Méconnus par saint Bernard dans sa réforme liturgique, les traits neumatiques furent considérés longtemps comme un produit de la barbarie du plain-chant. Les travaux des savants et des musicologues ont modifié grandement l'opinion des modernes sur ces mystérieuses effluves de l'amour divin, que l'artiste du moyen âge répandit si abondamment dans les effusions lyriques du chant grégorien.

Nous résumerons de la manière suivante ce qui a été dit plus haut sur l'influence de l'émotion à l'origine de la formation des chants religieux :

1° L'émotion discrète qui part d'un cœur contenu, enfante dans le contentement le genre orthophone ;

2° L'émotion exprimée par un cœur expansif et vibrant, se développe dans la joie au moyen du genre neumatique ;

3° L'émotion surabondante d'un cœur qui déborde, traduit les ivresses de l'amour dans le genre jubilus.

Le christianisme a découvert dans l'âme humaine des dessous que le monde antique avait ignorés. En les exprimant, il les a façonnés avec des traits nouveaux. La forme extérieure des œuvres d'art nées du Christianisme dérivant de l'émotion, on rencontre donc en elles des caractères d'émoi intime totalement inconnus des civilisations payennes. Dans la musique de ces vieilles sociétés, on ne découvre aucun point de comparaison avec le développement mélodique, polyphonique et orchestral de la musique des temps modernes. Mozart et Beethoven sont des génies aussi grands en leur genre qu'Homère, Sophocle ou Phidias. Nos maîtres n'ont point d'analogues ni de rivaux dans l'antiquité, parce que cette antiquité qui connut des philosophes, des artistes et des poètes, ne connut pas de musiciens, tels du moins que nous l'entendons de nos jours.

Et cependant la musique se perfectionna en

empruntant instinctivement l'idée de ses formes principales à l'esprit des arts grec et romain, parce que les anciens ont eu des aperceptions toutes spéciales de la forme; et qu'ils en sont restés les maîtres. Ce sont eux qui ont découvert les lois du *rythme*, et ce sont eux qui ont enseigné le *nombre*. Nous faisons appel à leur enseignement, non pour y chercher la lumière de l'idée, mais pour y apprendre à en régler l'expression. En créant le vers, ils ont tracé les voies futures de la mélodie, car l'ordonnance de celle-ci repose sur le même principe que la constitution du vers, c'est-à-dire sur la forme mesurée et périodique.

On peut dire, il est vrai, que la forme étant le vêtement de l'idée, c'est l'idée seule qui engendre la forme. Mais ici, il s'agit de la disposition de la forme, et non de la forme elle-même ou formule. C'est dans ce sens qu'André Chenier a écrit le vers célèbre :

> Sur des pensers nouveaux faisons des vers antiques.

La philosophie de l'histoire nous montre toute l'influence que l'étude de l'antiquité exerça sur la marche de la société. Les temps modernes ne sont venus que lorsque la Renaissance, épurant et ordonnant le labeur confus du moyen âge, lui eût infusé le souci premier de l'ordre et de la clarté qui sera toujours l'apanage des grandes œuvres de l'esprit humain. C'est donc le culte et le respect de la proportion que nous enseignent si heureusement Homère, Platon, Sophocle, Phidias, Cicéron et Virgile, et c'est à l'étude et à la maîtrise de ces grands génies que nous deman-

dons, avec un poète lyonnais, pour nos arts resplen-
dissants, le don précieux :

De la mesure en tout de l'aimable sagesse (1).

Voilà pourquoi les chefs-d'œuvre de l'antiquité
classique sont un trésor que les générations doivent
se transmettre religieusement, pour y puiser les enseignements précieux du passé, et en tirer la somme de
lumières expérimentales nécessaires à leurs évolutions
successives à travers les âges.

VOCALISE

La musique moderne, quoique dépouillée de spontanéité, offre cependant l'analogue du jubilus dans la
vocalise, que l'école contemporaine condamne absolument en principe. Nées de l'émotion savamment cal-
culée, les vocalises se répandent aussi en ondes
sonores privées de paroles, et en arabesques dont le
dessin est étagé par quelques articulations distribuées
de loin en loin pour soutenir et ordonner leur char-
pente.

L'esprit et la forme différant totalement dans le
plain-chant et dans la musique moderne, la vocalise ne
ressemble en rien au jubilus. Mais au fond la source

(1) Clair Tisseur.

est la même, surtout pour la vocalise sur la voyelle *ah !* qui semble vraiment destinée, comme le jubilus, à compléter l'effusion de l'émoi intérieur.

La vocalise et la figure rythmique sont si bien basées sur l'expression du sentiment que nous trouvons dans le *Théâtre à la mode* de Marcello (page 66) ce passage très curieux qui rappelle sur ce sujet les principes de l'école sévère du xviie siècle par opposition aux licences qui commençaient à se glisser dans le théâtre : « Le style ancien n'admettait pas de roulades sur les noms propres ni sur les adverbes, mais seulement sur ceux qui expriment de la passion et des sentiments comme *tormento, affano, canto, valor.* »

Les vocalises de la belle école italienne du xixe siècle s'étalaient en orgueilleuses roulades sans aucune souvenance de leur lointaine filiation avec le jubilus, cette note que l'émoi divin tire de la créature. La vocalise était devenue un procédé banal pour mettre en relief les qualités d'agilité vocale de l'exécutant ; elle péchait le plus souvent contre le goût et la justesse de l'expression, employée qu'elle était par la mode pour satisfaire aux exigences des vocalistes. Ainsi entendue, la vocalise n'est plus qu'une emphase et une exagération de la diction musicale.

Cependant, mise à sa place, bien écrite, correctement exécutée, la vocalise avec ses fusées et ses arabesques disposées dans l'ordre perspectif et dans la grâce de ses multiples évolutions, est une forme légitime de l'art, et ne va pas d'ailleurs sans quelque charme pour le sens et pour l'oreille.

PALESTRINA

Palestrina a consacré l'indépendance
des éléments rythmiques et sonores qui
constituent la musique.

A la musique orthophone et neumatique succéda la
polyphonie vocale, qui n'est pas le fait d'une découverte personnelle. Pendant plusieurs siècles, on
s'exerça à la recherche des lois qui président à la
concomitance des sons. Au moment où les éléments
grossiers, qui s'étaient agités avec des fortunes diverses
dans l'informe creuset du déchant, commençaient à
s'épurer et à s'ordonner, Palestrina (1524-1594) parut
avec éclat à la cour pontificale de Jules III. Maître de
la chapelle Julia, il y créa ses chefs-d'œuvre issus
de formes préexistantes connues et employées bien
avant lui. Tel Beethoven usant de toutes les ressources
que lui avaient léguées ses prédécesseurs, mais ne bouleversant rien, n'inventant rien, pas même les formes
admirables de la symphonie, dont il est devenu l'immortel représentant.

Avant l'âge du canon ecclésiastique, chaque parole
est accompagnée d'une expression sonore, individuelle, qui la circonscrit et la caractérise. Dans le
genre neumatique le son peut être prolongé sous certaine syllabe, et former des figures, en respectant

d'ailleurs l'unité du mot. Mais la parole elle-même n'est jamais répétée.

Depuis Palestrina (1) les paroles sont répétées. De plus, la forme rythmique et sonore attachée une première fois à chacune d'elles se modifie suivant les exigences de la période canonique.

L'œuvre de Palestrina témoigne d'un immense progrès dans la musique. C'est la manifestation grandiose d'un art absolument nouveau. Mais, il faut bien le reconnaître, cet art est inférieur au plain-chant pour traduire fidèlement les paroles du texte sacré que la musique doit envelopper comme d'un vêtement bien approprié en forme et en couleur.

La parole a perdu sa primauté à la sortie du moyen âge, par suite de l'évolution de la musique. En revanche, le sentiment acquérait de puissants moyens d'expression dans cet art de faire entendre simultanément plusieurs sons, art qui devait amener, quelques siècles plus tard, le magnifique épanouissement de l'orchestre moderne.

L'assemblée du concile de Trente avait chargé une commission d'étudier la question de savoir s'il fallait adopter ou rejeter le principe de la musique polyphonique, telle qu'on la pratiquait à cette époque dans les cérémonies ordonnées par le code liturgique de

(1) Parmi les contrapuntistes célèbres de la France, de l'Allemagne et des Flandres, qui font comme un cortège d'honneur à celui que la postérité a nommé le prince de l'école romaine, nous ne citerons que le Français Goudimel, son maître, et l'Espagnol Vittoria, son rival en génie.

l'Eglise catholique. Cette commission, sous l'autorité du pape Marcel, dans la messe qui porte son nom, reconnut juridiquement à cet art nouveau le droit d'accompagner les textes sacrés et d'en exprimer la signification.

En même temps qu'il autorisait dans l'Eglise l'usage du canon polyphonique, le concile de Trente préparait sans s'en douter l'essor de la musique moderne.

La postérité a donné le nom de Palestrina soit à l'âge où la musique prit rang parmi les arts, soit au canon lui-même, que le maître romain a porté à sa perfection.

La forme du canon dit à la Palestrina comprend l'harmonie ou la simultanéité chantante des voix. L'enchevêtrement des paroles et la non-interruption obligée du tissu musical empêchent toute distinction, puisque la sonorité vocale ne doit pas subir d'arrêt avant le repos final. L'œuvre reçoit de sa constitution même une allure un peu vague et indéterminée, qui s'accorde assez bien avec ce que l'on entend généralement par caractère religieux. Mais elle soumet le texte à la musique et laisse celui-ci dans une situation inférieure et indécise.

Nous avons la preuve du peu de respect que les maîtres de cette époque professent à l'égard du texte et du sens religieux des offices, par ce fait qu'un grand nombre de messes, au-dessus des paroles latines, portaient, à la partie du ténor, des paroles profanes tirées d'un air populaire, souvent même d'une chanson fort déplacée en semblable occurrence, air ou chanson qui servait de thème au travail du contrepoint.

La méthode de composition de Palestrina est l'opposé de celle du maître plain-chantiste. Celui-ci part de l'émotion et revêt spontanément la parole de rythme, de sonorité et d'accent. Palestrina ne s'occupe que d'accoupler les parties vocales, scientifiquement, en vue de l'harmonie, mais en dehors de la recherche de l'expression particulière qu'il convient de donner à chaque parole.

La gravité de l'allure, favorable au recueillement, la réserve discrète dans les effets rythmiques, donnent à l'œuvre sévère de Palestrina un certain caractère de grandeur sereine, éminemment propre à faire concourir cet art aux fonctions du culte extérieur.

MONTEVERDE

Monteverde achève l'œuvre de Palestrina en créant la phrase musicale, et par la phrase, la langue même de la musique.

Palestrina avait achevé d'émanciper la musique de la tutelle des paroles. Monteverde, par la publication de ses livres de madrigaux, où il pose le rapport du quatrième degré de la gamme avec la sensible, opère une révolution non moins décisive dans la tonalité en renversant celle des Grecs, et en jetant les bases de l'harmonie actuellement en usage. L'accord de septième de dominante, qui provoque la résolution de la dissonance (dont les physiciens ont reconnu la nécessité), a déterminé les distinctions par la fréquence de leur emploi. Celles-ci à leur tour ont formé les phrases musicales et leurs membres divers par l'artifice des cadences et des demi-cadences. Et dans cet appareil complexe l'ordre, suprême ordonnateur en toutes choses, est venu déposer le sceau de son universelle maîtrise. Dès lors, la musique, à l'image de la littérature, fut composée de figures, de phrases et de périodes, dont les contours bien réglés encadrent la signification de leurs dessins : toutes choses inconnues de Palestrina et de son école.

Au moment où la Renaissance imprimait un vigoureux essor au développement de la société moderne, l'esprit humain s'était jeté avec une ardeur fébrile dans l'étude de l'antiquité ; il espérait instinctivement et avec raison, y rencontrer un guide sûr, capable d'éclairer et de purifier son goût dans les lettres et dans les arts. La fréquentation assidue et raisonnée des chefs-d'œuvre d'Athènes et de Rome ouvrit des horizons nouveaux à tous les arts, sans en excepter la musique qui, elle aussi, comme nous l'avons dit plus haut, reçut sa part d'ordonnancement dans l'ordre et dans la grâce. A la lumière de Platon, de Phidias et de Sophocle, les XVIᵉ, XVIIᵉ et XVIIIᵉ siècles ont travaillé activement à la merveilleuse efflorescence de la musique moderne, où nous saluons les grands noms de Bach, de Gluck, d'Haydn, de Mozart et de Beethoven.

Nous venons d'étudier rapidement le développement de l'art musical à partir des premiers siècles de notre ère. Ce melos, qui était entré dans la vie de l'art, si obscur, si esclave, comme emmailloté et tenu soigneusement en lisière s'émancipe peu à peu, et finit par prendre possession du champ magnifique où il devait plus tard s'épanouir avec tant d'éclat. Palestrina consacre d'abord son indépendance et ménage l'éclosion de sa puissante vitalité. Puis le madrigal de Monteverde en règle la marche, et fonde la langue musicale qui s'outille et se perfectionne pendant deux siècles, pour atteindre son apogée dans les immortels chefs-d'œuvre de Beethoven.

Maintenant si, pour conclure, nous voulons marquer

la différence qui existe entre la musique proprement dite et le plain-chant, il nous semble, après ce que nous avons longuement établi précédemment, qu'il suffira de formuler les deux propositions suivantes :

La musique poursuit dans l'ordre l'arrangement de ses figures.

Le plain-chant (1) dans l'enchaînement des siennes semble ignorer le nombre.

***

CONCLUSION DE CES REMARQUES
SUR LE PLAIN-CHANT

Voici maintenant la conclusion générale de ce qui précède.

Chaque âge, suivant le mode d'expression qui lui est propre, apporte au patrimoine religieux de l'humanité son tribut d'adorations, de supplications et de louanges. Aux premiers siècles de l'Eglise, ce mode d'expression sera enthousiastique, par exemple avec le *Te Deum*, le *Kyrie* et le *Gloria* de la messe. Plus tard, dans le corps même des chants liturgiques, il revêtira le caractère assez monotone du moyen âge. Enfin, dans les temps modernes, il prendra une forme plus précise sinon plus émue. C'est ainsi que nous

(1) Nous ne parlons ici ni du psaume si régulièrement constitué, ni des pièces ordonnées par la quantité prosodique.

pouvons expliquer par la différence des origines, les différences de relief et d'allure constatées dans les pièces très variées dont l'ensemble constitue ce qu'on nomme le plain-chant.

Conservons avec un respect pieux ce plain-chant qui est le témoin éloquent des âges de foi et d'enthousiasme dont il émane. Aucun art musical, selon nous, ne peut concourir plus efficacement aux cérémonies du culte extérieur. Disons plus, aucun art ne saurait le remplacer. On écrira convenablement de la musique moderne sous beaucoup de textes sacrés. Mais le plain-chant se présentera toujours comme faisant essentiellement corps avec les prières liturgiques. Nous ne concevons guère, aujourd'hui, l'ensemble des cérémonies catholiques sans l'expression chantante tirée soit du genre orthophone, soit de celui des neumes et du jubilus, c'est-à-dire sans les formes musicales propres au plain-chant.

Est-ce à dire pour cela que nous croyons impossible toute musique religieuse en dehors du plain-chant? Non certainement.

Dans l'édification du temple, les styles byzantin, ogival et de la Renaissance servirent de signes expressifs à l'idée unique et immuable du Dieu des chrétiens.

Pourquoi à côté de la partie liturgique du culte absolument intangible, chaque âge, à l'image de ce qui se fait en architecture, ne revêtirait-il pas d'une forme spéciale et successive quelques-unes des idées éternelles qui sont l'objet de nos adorations et de nos prières!

ART MUSICAL RELIGIEUX

Traiter des sujets religieux n'est pas toujours synonyme de faire de l'art religieux. Pour mériter effectivement ce nom, l'art doit remplir certaines conditions que nous cherchons à établir en ce moment.

L'expression des sentiments religieux est la matière de l'art religieux.

Le lyrisme religieux a occupé et occupera toujours une large place dans la vie artistique de l'humanité. La vive perception des manifestations de la cause première dans les faits contingents du monde, engendre cet état d'admiration, d'où jaillissent spontanément des accents d'exultation et de louanges. L'art religieux est donc la grande forme de nos enthousiasmes s'épanchant en ces hymnes de joie, qui vibrent au fond de nos cœurs extasiés en la Beauté universelle.

Dans l'impuissance d'aborder les études complexes qu'exigerait l'ampleur d'un tel sujet, nous arrêterons notre examen à celui du culte rituel que l'homme dans la société adresse solennellement à son Auteur.

Parmi les signes de l'art religieux, le temple nous apparaît dans son essence, et indépendamment de toute forme accidentelle, comme le type de l'expression de l'idée religieuse. Or, le temple, suivant la parole divine, est la maison de la prière.

Qu'est-ce donc que la prière ? Quelles en sont les conditions essentielles ?

Théologiquement on définit la prière : une élévation de l'âme vers Dieu. Quant à ses conditions essentielles, nous en comptons trois : 1° attention ou recueillement; 2° élévation de l'esprit et du cœur vers l'Être Infini; 3° production des actes d'adoration, d'invocation, de remerciements, de louanges, etc.

L'art qui favorise la réalisation de ces conditions mérite véritablement, et à l'exclusion de tout autre, le nom d'art religieux.

DU RECUEILLEMENT

Le recueillement correspond à l'attention de la philosophie. Il est impérieusement réclamé par le mode religieux. Dans la facture artistique il faut s'arranger de manière à le respecter et à le sauvegarder toujours (1).

Se recueillir, c'est rentrer en soi-même, s'isoler des

---

(1) « La musique vocale et instrumentale défendue dans l'Eglise est celle qui, par son type ou la forme qu'elle revêt, tend à distraire les auditeurs dans la maison de la prière. »

Règlement de la S. C. des Rites sur la musique moderne dans l'Eglise. 24 septembre 1884.

sensations et des distractions, pour concentrer toute
son attention sur un point. Le mode artistique des-
tiné à concourir au recueillement sera discret et
modéré. Il évitera de déchaîner toutes les sonorités
du melos, et toutes les suggestions captivantes du
rythme. Le compositeur et l'exécutant tâcheront de
résoudre ce redoutable et difficile problème : frapper
assez fort pour éveiller l'attention, pas trop fort de
peur de l'attirer indûment sur des faits étrangers à
ceux qui doivent être son objectif. *Quid ? Quot* ou
quantum ! Quomodo ?

Aussi, l'art musical religieux est-il le plus difficile
et le plus délicat de tous les arts, surtout quand il
s'allie à des actes précis de la vie spirituelle.

Cet art tourne la pensée vers Dieu, et sollicite discrètement l'attention sans la captiver, sans étouffer
l'activité de l'âme sous l'impression trop vive de
formes matérielles, ou même de combinaisons intellectuelles trop absorbantes. Loin d'entraver les opérations de celui qui prie, il l'aide dans ses actes de foi,
d'espérance et d'amour, dans l'effusion de ses adorations et de ses louanges, dans l'élan de ses
supplications, dans l'expression émue de la reconnaissance.

Quant à l'art mondain, faussement appelé art
religieux, il fait le contraire de tout cela.

Il étouffe la liberté intérieure sous le flot d'appels
étrangers, souvent inconvenants, il entrave l'exercice
de l'activité en remplissant l'âme d'ombres et d'agitations, au lieu d'y engendrer la paix et d'y faire luire

la lumière. Cet art est la négation même du titre qu'il s'arroge. Mauvais génie de celui qui veut prier, il l'arrache au recueillement, le force à se répandre au dehors, et trouble incessamment le for intérieur par des distractions et des impressions sensibles trop prépondérantes.

L'art religieux évite avec soin tout ce qui manque d'un juste équilibre, tout ce qui est excessif, tout ce qui trouble, agite et préoccupe. Il touche le cœur, l'invite au divin colloque et lui montre le ciel.

L'art profane, quel que soit son mérite technique, enivre l'âme, non pour l'élever à Dieu, mais pour l'attirer sur les choses du monde et de l'humanité.

D'où cette formule en conclusion :

L'art religieux exclut absolument le mode tumultueux, compliqué, violent et passionné.

DE L'ALLURE DES CHANTS RELIGIEUX (1)

L'art musical religieux a un but précis qu'il ne faut pas perdre de vue. On parle quelquefois d'après

(1) Les erreurs fréquentes dans l'allure, c'est-à-dire dans le choix du mouvement convenable à imprimer au chant religieux, sont la cause de réels scandales vraiment attentatoires à la dignité, à la gravité et à la majesté du culte. Parfois c'est ignorance ou manque d'un sens suffisamment éclairé. Souvent aussi c'est le résultat d'une admiration aveugle et inconsciente pour les manières d'être contingentes et le style à la mode en tel moment dans les œuvres de la musique profane.

Homère, des ailes qui font monter la prière jusqu'au ciel. Dans le cas de la musique, cette expression est rigoureusement exacte. Ces ailes qui emportent la prière sont vraiment les élans sonores et rythmiques dont use le compositeur. Si celui-ci se trompe dans leur emploi, il risque, au lieu de donner des ailes à la pensée, de lui forger des chaînes qui la retiendront ici-bas, en la détournant par de faux attraits sur des choses sensibles.

Toutes les autres convenances étant observées, la prière chantée empruntera son mouvement aux allures qui, excluant l'agitation et le trouble propres aux passions, favorisent les paisibles opérations de l'adoration, de l'invocation, de l'exaltation, etc. Dans la crainte de franchir les limites du respect et d'oublier l'allure discrète et modérée qu'impose dans le temple la présence de Jéhova et de son Christ, l'enthousiasme religieux toujours contenu dans son essor, ne laissera jamais déborder ses effluves expressives. Les neumes et les jubilus offrent à peu près la mesure de ces expansions du sentiment religieux, telles du moins que l'autorisait au moyen âge le génie de ses maîtres plain-chantistes.

On peut classer les œuvres de musique religieuse existant actuellement dans le temple de la manière suivante :

1° Œuvres qui correspondent à la partie narrative et énonciative de l'enseignement et de la doctrine ;

2° Œuvres qui ont trait à la partie contemplative de l'adoration ;

3° Œuvres qui relèvent de la partie laudative et impétrative;

4° Œuvres désignées par le nom d'Art décoratif.

Sous le bénéfice des observations qui précèdent nous laissons à qui de droit le soin de déterminer les qualités et l'allure précise qu'exigent les parties récitatives, contemplatives et laudatives de la musique religieuse, ne retenant sous notre plume que l'art musical décoratif, pour dire quelques mots de son rôle et de son fonctionnement.

ART DÉCORATIF

A côté des expressions précises de la prière liturgique, nous rencontrons l'expression d'idées concomitantes. Tel en architecture, par exemple, nous voyons des motifs de décoration s'étaler sur les lignes principales de l'édifice.

Les expressions de la prière liturgique ou confessionnelle constituant la partie intégrante du culte, sont soumises rigoureusement aux lois qui régissent les différentes fonctions auxquelles on les applique. D'autres expressions y concourent, mais avec plus de liberté dans l'invention et dans l'exécution. Nous leur donnons le nom d'expressions décoratives.

Il est évident que les œuvres de cette quatrième catégorie ne sauraient figurer simultanément avec celles des trois premières, et que dans la pratique il faut se garder de faire entendre indifféremment celles-ci, ou celles-là, sous prétexte que les unes et les autres ont trait à l'art religieux en général (1). La règle à suivre en ceci est dictée par la convenance, et c'est en son nom que nous protestons contre les fautes grossières où tombent les écoles modernes, lorsque, prenant l'art décoratif pour type absolu de l'art religieux, elles prétendent l'imposer en toutes circonstances comme modèle parfait.

Dans les œuvres décoratives, nous rangeons certains oratorios, les fugues, les marches, les pièces de fantaisie qui s'exécutent en dehors des circonstances purement canoniques du culte.

L'artiste peut enfreindre alors certaines des prescriptions très rigoureuses qui restreignent les envolées de l'art, lorsqu'il s'agit de traduire des idées précises et confessionnelles. Laissant un champ plus libre à son inspiration et aux suggestions imaginatives de la Poésie, il donnera carrière à des formules moins sévères, plus abondantes et plus riches en séduction. Et il n'y aura rien à reprendre puisque toute chose sera à sa place.

D'après ce qui précède, le rôle de l'orgue est nettement tracé dans la musique d'église. Il a sa place en toutes les parties de l'Office, à condition toutefois de ne pas exécuter en l'une ce qui convient exclusive-

---

(1) Nous le répétons, sujet et texte religieux n'impliquent pas nécessairement que la pièce ou l'œuvre relève vraiment de l'art musical religieux.

ment en l'autre, évitant, par exemple, de faire entendre des pièces du genre de la fugue, qui relève uniquement de l'art décoratif, dans les moments où le sens des cérémonies de l'office proscrit toute distraction, et impose le respect absolu du recueillement.

Mais j'entends dire :

La Musique religieuse, telle que vous la représentez, sera donc terne et sans éclat, privée de tous les effets de grandeur, de puissance et de coloris qui donnent tant de relief aux œuvres imposantes et magistrales de la musique moderne. Pourquoi ce voile et cette réserve? Le poète, coryphée de l'humanité, ne devra-t-il pas au contraire accorder sa lyre aux tons les plus éclatants et les plus solennels pour chanter la grandeur et la majesté de Jéhova ?

Oui certes, à côté de l'heure du recueillement, il est une autre heure solennelle, celle de l'exultation et de la louange. Le génie de l'homme ne trouvera jamais dans les signes de l'Univers, assez d'accents, de traits et de couleurs pour célébrer dignement la gloire de son Créateur. La gamme de ses expressions religieuses sera donc aussi indéfinie dans ses modes que le sont les motifs de ses adorations et de ses louanges. Mais, dans tel cas, peut-être pourra-t-on dire : *non erat hic locus.*

Car, sous la sombre ogive de la basilique, il est aussi une heure où l'âme pieuse aspire à se recueillir, pour goûter, dans la paix de la componction, les ivresses de l'amour divin. Ce qui nous ramène aux principes : *Loi du Choix, loi de la Convenance.*

DES MODIFICATIONS DU MÉLOS

INTENSITÉ

Le mélos, puissamment modifié par le rythme, l'est encore par l'intensité, le timbre et l'intonation.

L'intensité sonore se présente à nous sous deux aspects généraux, ou forte ou faible, qu'on désigne communément par les termes italiens de Forte et de Piano. Le forte est l'affirmation des qualités sonores. Il suppose évidemment plus d'effort que le piano. En cela, il procède de l'élan, tandis que le piano, qui indique la diminution de la tension dans l'effort, semble relever plus spécialement de l'épanouissement. Et la preuve, c'est que l'exécutant encore inexpérimenté, est porté toujours à presser le forte et à ralentir le piano.

On donne généralement le nom de coloris à l'économie de la distribution des forte et des piano dans une œuvre musicale. Les diverses et multiples proportions d'intensité s'appellent des nuances, et les gradations de celles-ci des teintes.

Ce nom un peu vague de coloris s'emploie aussi

quelquefois quand il s'agit de l'abondance de certains effets de rythme et de modulations.

Nous parlerons plus loin du coloris par les timbres.

TIMBRE

—

Le timbre est l'individualisation que revêt le son en traversant l'organe vocal de tel individu, ou l'appareil sonore de tel instrument.

On distingue d'abord le timbre de la voix de l'homme, et celui de la voix de la femme. Puis dans les voix d'hommes, le timbre du baryton et celui du ténor ; dans les voix de femmes, le timbre du contralto et celui du soprano. Mais remarquons bien que tous les barytons et tous les ténors n'ont pas une voix absolument uniforme chacun en leur genre, pas plus que tous les soprani et tous les contraltos. Avec des caractères généraux de l'espèce, la voix de chaque individu possède un trait propre qui la distingue des autres. De même, il y a des traits généraux communs à tous les visages d'hommes, et pourtant chacun de ceux-ci a sa physionomie particulière. De là, une immense variété dans les voix humaines.

Cette individualisation du son nous apparaît bien moins sensible dans les instruments, quand on compare un de ceux-ci avec un autre de type semblable. Très peu accusée dans la famille des cuivres et dans la famille des bois, elle s'accentue dans celle des instruments à cordes, violons et violoncelles. L'oreille d'un pianiste exercé lui fera distinguer aisément, non seulement les instruments de facteurs différents, mais aussi chaque instrument du même facteur.

Par la multiplicité de ses timbres, l'orchestre possède au suprême degré la faculté du coloris. La division des orchestres en fanfares, harmonies, symphonies, trace celle des genres de coloris propres à chacun d'eux. L'introduction d'un nouvel instrument dans les voix de l'orchestre, chose assez rare et assez délicate au point de vue de sa fusion avec les autres timbres et de l'équilibre des forces sonores, peut offrir au compositeur, sous le rapport du coloris, quelques ressources nouvelles.

INTONATION

DES GAMMES

L'intonation s'entend, soit de l'ensemble des degrés de l'échelle sonore, soit de l'énonciation de ces différents degrés.

Un son est mesuré par le nombre de vibrations qui le composent; en d'autres termes, un son est d'autant plus aigu qu'il est produit par un plus grand nombre de vibrations, et d'autant plus grave que ces vibrations sont moins nombreuses.

Le groupement des sons en séries appelées gammes ou tons, s'est opéré depuis l'origine de la musique, suivant des modes qui ont varié avec les âges. Nombreuses dans les temps anciens, les gammes se réduisent à deux chez les modernes : la gamme majeure et la gamme mineure.

La gamme majeure est composée de sept sons consécutifs s'ordonnant en cinq tons et deux demi-tons. La présence rigoureuse du demi-ton entre le troisième et le quatrième, et entre le septième et le huitième degrés, établit la caractéristique absolue de notre gamme majeure.

Changer le point de départ et conserver comme ci-dessus la forme ou le rapport des tons et des demi-tons, au moyen de dièzes ou de bémols choisis suivant le cas, telle est la manière de parcourir le cycle entier des gammes majeures.

Cette disposition dans l'agencement des éléments de la gamme majeure, tire son origine de la loi de la résonnance des corps sonores, qui enfante les sons harmoniques ou concomitants.

La formation de la gamme mineure est tout artificielle. Le premier demi-ton se place entre le deuxième et le troisième degré, le second entre le cinquième et le sixième, le troisième entre le septième et le huitième.

On a donné à cette gamme le nom de gamme mineure harmonique.

La dureté du saut de seconde augmentée entre les sixième et septième degrés, intervalle qui n'existe pas

dans la gamme majeure, a conduit le musicien à
modifier le rapport du sixième au septième degré en
le ramenant à un ton. De là est née la gamme mineure
mélodique, qui ne fait pas entendre cet intervalle de
seconde augmentée.

Le mode ou ton majeur, représenté par la gamme
majeure, est reconnu généralement comme expressif
de la plénitude, de la force et de la joie, et le mode
mineur, représenté par la gamme mineure, comme
expressif du défectif, de la mélancolie et de la tristesse.

MODES DES ANCIENS

Sous le rapport des gammes ou des tons, il y a une
différence radicale entre les idées des anciens et celles
des modernes.

Dès l'aurore des sociétés, on avait remarqué que la
voix s'élève dans le discours jusqu'à la quarte, en passant par un petit intervalle ou demi-ton placé entre
les deux derniers sons. On disposa sur ce modèle les
quatre cordes de la lyre primitive, de manière à mettre le demi-ton entre la troisième et la quatrième
cordes. Puis on ajouta successivement de nouvelles
séries de sons ainsi ordonnés. La théorie des tétra-
cordes joue un rôle très important dans l'histoire de
la musique de ces époques.

Les modes ou gammes se constituèrent d'après un

principe tout différent de celui des modernes. Chaque mode en prenant son point de départ sur une note de l'échelle fixe des sons, conserve les intervalles qu'il rencontre sans les modifier par des dièzes ou par des bémols, en sorte que chacun d'eux ainsi formé, a son caractère et sa physionomie particulière.

Ces modes, implantés chez les populations primitives de la Grèce, furent désignés par le nom de la peuplade qui les pratiquait : modes Eolien, Dorien, Lydien, Ionien, Phrygien, etc.

Nous exposons ailleurs comment nous croyons qu'à l'origine, les modes ont été unis intimement aux nomes, ou prescriptions à la fois religieuses et sociales, que les premiers civilisateurs avaient associées à ces formes musicales, pour les graver plus aisément dans la mémoire.

Lorsque dans la suite des âges la signification du nome fut perdue, la musique bénéficia du respect et de la considération qui s'attachaient dans le souvenir des peuples à ces antiques prescriptions. L'imagination de ces races neuves aidant, on attribua à la constitution des modes ou tons eux-mêmes, des effets qui leur avaient été étrangers à l'origine.

Aussi, nous ne saurions admettre l'authenticité de tout ce que les anciens auteurs racontent sur l'influence extraordinaire de ces modes. Nous doutons fort aussi, cela soit dit en passant, que la théorie des comma, si changeante, si incertaine, et si peu accessible au discernement de l'oreille moderne, ait été réellement et utilement pratiquée par les musiciens grecs, telle du moins qu'on nous la représente. Nous pensons que les théoriciens ont dû avancer des affirmations que peut-être l'exécution artistique n'a pas justifiées. Sans doute un grand nombre de ces récits sur l'influence de la musique sont l'énonciation d'élucubrations littéraires ou philosophiques, plutôt que la reproduction de ce qui se passait dans l'œuvre musicale elle-même.

Il a suffi de quelques noms illustres pour mettre en vogue ces thèses qui n'étaient plus discutées à mesure qu'elles se propageaient, et que le moyen âge de son côté, plein de respect pour ces vieilles traditions, a répétées sur l'allégation des anciens auteurs.

Non pas qu'il faille nier une certaine action résultant de la disposition des notes du ton, sur notre organisation musicale, telle par exemple que celle de la gamme majeure et celle de la gamme mineure. Nous reconnaîtrons volontiers aussi que les modes les plus graves s'accordent avec l'expression des idées religieuses, tandis que les tons les plus aigus s'harmonisent avec les mouvements orgiaques.

Mais il nous est impossible d'accepter la théorie des anciens, qui fait dépendre de la constitution même des modes, l'action indiscutable de la musique sur notre organisation.

Cette action, dans l'art moderne des sons, ne réside que pour une faible part dans la distribution des tons et demi-tons. Elle est le résultat d'influences multiples qui s'exercent par le mode et par l'allure, au moyen des combinaisons du melos s'épanouissant à l'aide

de l'expression, dans le rythme, l'intonation, l'intensité
et le timbre, tel que nous l'établissons dans ce chapitre.

Ainsi le rythme, l'intonation, l'intensité et le timbre
du melos nous apparaissent comme les éléments
constitutifs de la musique dans l'humanité et ses
agents essentiels d'expression.

Maintenant nous nous posons cette question : ces
qualités de rythme, d'intonation, de timbre, etc.,
sont-elles aussi les conditions sous lesquelles le
melos se présente librement à nous dans l'univers,
lorsqu'il nous impressionne dans le sens artistique,
par ce que les poètes appellent les voix de la Nature ?

Nous croyons que la réponse doit être affirmative.
Évidemment la taille et la puissance de l'Artiste qui
préside à la symphonie de l'univers, ne sont pas celles
de l'homme. L'immensité de l'Œuvre divine dépasse
en tous sens la portée de notre œil et celle de notre
oreille. A l'opposé des infiniment grands par exemple,
combien d'effets sonores, infiniment petits, ténus et
multiples, sollicitent et flattent notre oreille, et
échappent pourtant à notre compréhension. D'autre
part, nous pouvons bien pressentir l'harmonie de l'ensemble, mais nous ne saurions la saisir par nos
facultés bornées dans le temps et dans l'espace. C'est
pourquoi l'art musical conçu et pratiqué par l'homme,
est un véritable microscome, qu'il s'est façonné à la
juste proportion de ses organes, et qu'il réalise d'après
le mode qui lui est propre (1).

(1) Nous avons longuement établi plus haut que le mode
concordant est celui sous lequel le monde extérieur se mani-

Cet art humain, si plein de charme et de séduction, possède un pouvoir assez noble, assez beau, assez universel pour satisfaire à l'expression de toutes les aspirations de l'humanité vers l'idéal. Mais dans son domaine restreint, il ne lui est départi que de rappeler discrètement par quelques traits et par quelques accents, la magie des scènes complexes du monde. Ce qu'il peut, ce qu'il doit s'efforcer de traduire, avec toutes chances de succès, c'est l'émoi qui en résulte, mais ce n'est ni le tableau lui-même, ni la symphonie dont la grandeur et la délicatesse défient dans les tentatives d'imitation, toutes les habiletés de la plume, du burin, de la lyre ou du pinceau.

En résumé, et c'est là le point de saine doctrine esthétique, l'Art peint l'homme ému en face des merveilles de l'univers ou, si vous voulez, il montre la nature transfigurée par les sentiments de l'homme. Surtout l'Art viril peint l'homme au sein de l'humanité, en proie aux luttes pathétiques qui s'élèvent dans son cœur à l'occasion des mobiles divers par lesquels sa volonté est sollicitée.

Dans ces différentes circonstances, quelle méthode le musicien devra-t-il suivre?

La leçon nous est donnée par Beethoven, inscrivant en tête du programme de la *Symphonie pastorale* cette formule célèbre : « Plus de sentiments que de

feste à nous. C'est donc sous ce mode que les voix de la Nature s'adressent à notre sensibilité. Ne pas l'oublier quand on étudie les rapports et les différences qui caractérisent l'art humain et le grand Œuvre de la Création.

descriptions ». Mais dans les périodes de naturalisme et de décadence où l'inverse est la loi, on risque d'être peu compris en tenant un semblable langage.

***

EXPRESSION

Au rythme, à l'intonation, au timbre et à l'intensité, il faut ajouter une autre cause modificative du son, aussi essentielle que les précédentes : nous voulons parler de l'expression.

Exprimer, c'est tirer au dehors, manifester. L'exécution traduit les signes; l'expression leur donne la vie.

Le rayon de soleil, qui vient frapper la statue, met en relief les contours harmonieux du marbre. L'expression, en colorant l'œuvre artistique, fait jaillir les beautés latentes de ses signes.

L'expression comme le rayon de soleil est évidemment extrinsèque à l'œuvre elle-même et à la statue.

L'expression est donc une qualité assez mystérieuse qui couronne toutes les autres par la vie qu'elle leur infuse en les perfectionnant.

Sans expression une œuvre est froide et morne. Avec l'expression, elle s'empreint de mouvement et de chaleur.

Prise dans un sens général, l'expression se confond parfois avec ce terme de l'école : le rendu.

Qu'il y ait une expression rigoureusement déterminée par l'accentuation des irrégularités tonales et rythmiques, comme on l'enseigne, rien n'est plus vrai.

Mais on ne peut pas dire que l'expression n'existe que dans le cas de ces irrégularités tonales et rythmiques.

Par exemple, une pièce de musique, très grave, très régulière de contexture, peut être exécutée par un véritable artiste avec beaucoup d'expression, sans qu'on y rencontre irrégularité tonale ou accentuation rythmique spéciale.

Disons donc que l'expression est, en général, la trace que l'émotion et la compréhension artistique déposent dans une œuvre créée ou exécutée.

ORDONNANCEMENT PERSPECTIF
DES SONS DE LA GAMME

Les harmoniques d'un son premier, considéré comme tonique, engendrent une gamme, et les rapports qui s'établissent entre les différentes notes de cette gamme en déterminent la tonalité. Ainsi, la tonalité de la gamme d'*ut* est le rapport des notes de cette gamme avec la tonique *ut* ; la tonalité de *sol* est le rapport des notes de cette gamme de *sol* avec la tonique *sol*, etc.

La tonalité est un véritable cadre sonore où vibrent les cordes tonales. La tonique joue, dans la perspective des sons, le même rôle que le point de vue dans la perspective linéaire.

De même que toutes les lignes d'un tableau allant à l'horizon tendent au point de vue, de même toutes les notes de la gamme tendent à la tonique.

Le bord du cadre et la ligne de l'horizon sur laquelle est placé nécessairement le point de vue, forment deux plans parallèles entre lesquels le rayon visuel s'étend pour aboutir au point de vue.

Entre la tonique du point de départ et la tonique du point d'arrivée se placent les notes de la gamme que le son parcourt pour aller de l'une à l'autre.

Chacune de ces notes peut devenir à son tour le point de départ d'une gamme ou tonalité nouvelle. De même, sur des lignes formant un angle de quarante-cinq degrés chacune avec le bord du cadre, et coupant les lignes aboutissant au point de vue, on dispose les figures et les objets tendant incidemment en dehors du cadre.

A notre sens, les directions de ces lignes s'éloignant du point de vue, correspondent réellement aux projections tonales qui peuvent s'échapper par les modulations de chacune des notes de la gamme.

Ces simples observations nous montrent l'analogie qui existe entre les lignes et les sons au point de vue perspectif.

Ne point tenir compte des lois générales qui règlent ce mode perspectif des sons, c'est, dans la distribution et l'agencement des plans en musique, se priver des effets de profondeur et de variété. En un mot, c'est se restreindre à ne disposer ses sujets et ses motifs que sur un même plan, comme dans la fresque. Et c'est bien aussi sous cet aspect que se présentent à nous les tentatives grandiloquentes de réformes musicales et dramatiques qui sont de mode aujourd'hui.

ÉTAT ESTHÉTIQUE

D'après la philosophie de l'histoire, (1) le corps social comprend cinq ordres d'organes et de fonctions : l'excellence du fonctionnement collectif de ces organes assure l'excellence et la santé de l'état social lui-même.

Cet état général se décompose, par ordre d'importance, en état physique, état social proprement dit, état moral ou religieux, état esthétique et état intellectuel.

L'état physique est caractérisé par la formation, la distribution et la consommation des richesses, l'état social proprement dit par le jeu des institutions, l'état moral et religieux par l'observance des devoirs de l'individu envers Dieu, envers lui-même, envers ses semblables, l'état esthétique par l'influence du langage et des arts sur la société, l'état intellectuel par le développement des connaissances.

Examinons un instant ce qu'il faut entendre par *état esthétique*.

Pour l'individu comme pour la société, cette expression désigne : 1° *in fieri*, la capacité d'être modi-

(1) Cours de philosophie de l'abbé Noirot.

fié par l'émoi artistique ; 2° *in facto*, l'ensemble des modifications provoquées et subies par l'action des faits artistiques.

L'état esthétique est un état passif. Après l'admiration passagère, il faut réagir sur l'impression esthétique afin d'en tirer un effet utile. Cette impression a fait oublier pendant quelques instants les mobiles ordinaires présentés à notre attention. Par le fait de cette admiration, des motifs nouveaux et désintéressés se sont levés à l'horizon de l'âme. A la volition de faire l'effort méritant, en profitant de ces secours pour s'arracher aux tyrannies de l'habitude, et s'élever sur les ailes du pur désir jusqu'aux régions où l'attrait du Beau sollicite notre pensée.

Le moraliste de son côté nous dira quelle est en ces matières l'importance des bonnes habitudes façonnées par l'éducation, et celle d'associations, d'idées antérieures bien faites et judicieusement établies.

Ainsi, l'état esthétique est surtout un état d'attente, caractérisé par l'émotion admirative, comme l'état intellectuel est déterminé par la réflexion, et l'état moral par la volition.

Les différentes fonctions du corps social citées plus haut, ont pour but de satisfaire à l'ensemble des besoins de la société, besoins de richesses, de justice, de vérité, d'édification morale, de connaissances. Les fonctions artistiques sont donc appelées à donner à l'humanité sa part de culture et d'édification artistique, réclamée par le degré de civilisation où celle-ci est arrivée.

EXAMEN DES DIFFÉRENTES FORMES DE L'ÉMOTION
ISSUES DE L'ADMIRATION

L'émotion ou le mouvement interne étant l'agent des faits artistiques, voici la genèse des états divers par lesquels passe l'âme touchée par cet émoi.

Parvenue à un certain degré d'intensité, l'émotion produite par l'admiration enfante l'enthousiasme. L'enthousiasme, comme un feu secret, nourrit, réchauffe et dilate ce sentiment d'admiration, qui, savouré à longs traits, devient la délectation. Non seulement l'enthousiasme nous rend aptes à goûter la Beauté, mais il nous dispose à être ravis par elle.

Semblable à l'hydrogène qui remplit et soulève le ballon, l'enthousiasme gonfle le cœur. Sous l'action du gaz, l'aérostat s'élève dans les airs où il est emporté par les courants qu'il rencontre. Ainsi l'enthousiasme arrache le cœur à ses entraves, le soulève et le place sous le courant des sentiments qui s'emparent de lui et l'entraînent. Etre enthousiaste, c'est marcher dans la voie qui conduit de l'admiration aux différents états que nous examinons en ce moment. C'est donc posséder la qualité indispensable à l'artiste pour s'éprendre de l'Idéal (1) et travailler à sa

____

(1) L'*Idéal* (idée, lumière), est le Type, l'Exemplaire, le

réalisation en signes expressifs de l'Ordre et de la Beauté.

La délectation est un mouvement d'abandon au plaisir ou à la joie qu'on savoure dans l'admiration ; en même temps elle est une sorte de soumission volontaire aux séductions qui rayonnent de l'Etre ou de l'objet admiré ou convoité.

Dans le ravissement, d'après l'étymologie de ce mot, on est comme emporté vers la cause de la délectation. On arrive à l'extase quand on contemple enfin sans obstacle l'être ou l'idée qui a fait l'objet des ivresses du ravissement. Posséder cet être ou cet objet, c'est s'identifier avec lui, c'est atteindre le terme de l'Amour qui est le mouvement de l'être vers l'être, et sa consommation en l'unité, but suprême de tout ce qui existe.

Nous trouvons dans ce qui nous entoure une série de faits analogue à celle que nous venons d'exposer. Mais elle agit inversement, partant de la sensation pour aboutir à la sensation, tandis que la série précédemment décrite s'élève du motif d'admiration, quel qu'il soit, interne ou externe, jusqu'à la cause et à la source spirituelle de l'émoi qu'il a provoqué. En d'autres termes l'âme émue par le Beau, ne s'arrête pas au signe, mais remonte jusqu'à l'être ou à l'idée signifiée. Considérez, par exemple, le gourmand. Son objectif est la dégustation du mets convoité. En

Motif entrevu et désiré dans l'œuvre, quelle qu'elle soit, qui est enfantée ou perçue par le jeu de nos facultés.

L'Idéal s'entend parfois aussi de l'idée de perfection.

regardant d'un peu près, on découvre dans cet acte de la gourmandise toutes les péripéties de l'admiration, de la délectation, du désir, du ravissement, de l'extase et de la possession par la dégustation. Mais l'appétence matérielle est seule en jeu. C'est une satisfaction basse et égoïste qui est le but unique des convoitises du gourmand.

Ainsi des autres passions.

L'admiration, la délectation et le désir sont des faits de psychologie qui se développent concurremment avec la cause interne ou externe dont est né l'émoi. Souvent l'effet de l'émoi ne va pas au-delà. Parfois aussi il se continue par le ravissement et par l'extase qui ont pour théâtre les régions les plus intimes de l'âme.

Le ravissement suppose deux choses : 1º Déplacement ou translation d'un mode ou d'un état en un autre ; 2º déplacement non volontaire, indiquant une sorte de violence faite à la volonté qui la subit. Ainsi l'attrait de la Beauté souveraine entrevue dans le ravissement est si énergique, qu'il arrache l'imagination, le cœur et la volonté aux suggestions habituelles de la vie présente, et oriente le jeu des facultés vers l'Idéal et vers la Poésie.

L'extase est l'état supérieur de celui qui contemple. L'extatique s'arrête, et se tient en face de l'objet de son admiration. L'état de l'extase est plus parfait que celui du ravissement auquel il succède, puisque son objet est le motif même du ravissement. Car on ne conçoit pas la course, sans le but où elle tend, et le but vaut mieux que la course. De même pour le touriste, quelles que soient les beautés entrevues pendant l'ascension de la montagne, elles s'effacent devant le panorama grandiose qu'on découvre du sommet victorieusement escaladé.

Mais l'homme par son seul élan ne saurait franchir le seuil de la délectation pour entrer dans les sphères du ravissement et de l'extase. Il faut qu'une force étrangère l'attire et le soulève dans un monde supérieur à celui où s'écoule son existence habituelle. En l'état esthétique cette force est l'attrait vainqueur que la Beauté invisible exerce sur ceux qu'elle fascine de ses lueurs mystérieuses.

L'artiste, aidé par ses habitudes de recueillement et de méditation, préparé par son éducation même et par ses ardentes aspirations vers l'Idéal, reçoit le choc de l'attrait dans toute son énergie, et vibre d'un émoi prompt à parcourir les différentes phases nées de l'admiration. Il en est de même de toutes les âmes qui à des degrés divers sentent comme lui. Au premier rang de celles-ci nous plaçons les femmes avec leur exquise et délicate sensibilité toujours prête à percevoir l'éclair de cette Beauté dont elles sont, d'ailleurs, le plus radieux symbole. Mais au-dessous de cette phalange d'élite, languissent dans leur indifférence souvent accompagnée de mépris et de raillerie, les distraits, les sensuels, les blasés, les ironiques, incapables de faire trêve quelques instants aux triviales préoccupations de la vie mondaine, et de rentrer en eux-mêmes pour y écouter le divin colloque de la Poésie et de l'Amour.

Maintenant, reportons-nous à la conjecture de cette symphonie immortelle que l'imagination nous a fait entrevoir, évoluant dans l'au-delà mystérieux de la vie future. Ce que nous venons de dire à propos du ravissement et de l'extase semble vraiment jeter ici quelque lumière sur la manière d'être générale, l'allure et les évolutions des groupes d'esprits bienheureux, lorsque, ravis par l'Objet Eternel des désirs et extasiés devant sa face auguste, ils cèdent au besoin invincible d'exprimer leur émoi, et tracent devant le trône de l'Eternel, les figures harmonieuses que leur inspirent et l'adoration et l'amour ?

Donc, l'état esthétique conduit l'homme par l'enthousiasme jusqu'au ravissement et jusqu'à l'extase de la Beauté idéale contemplée intérieurement dans sa fulgurante et rapide apparition. Mais cette contemplation passagère ne fait qu'irriter le désir, et appeler la solide possession de ce bien si fugitivement entrevu, et si ardemment convoité. Ici s'arrête le domaine de la philosophie. C'est la tradition religieuse qui achève d'expliquer par ses enseignements dogmatiques l'ascension de l'âme à travers les sphères célestes, où gardant toute sa personnalité, elle se consomme par la ressemblance en la suprême Unité. *Sint unum sicut et Nos.*

L'effet de séduction que la Beauté exerce sur nous, découle d'une qualité qui s'appelle le Charme ou l'Attrait. Cette qualité est le mode même d'action du Beau, parce que le Beau est Amour, et que le propre de l'amour est attirer tout à soi. Quand l'artiste est parvenu à fixer dans les signes de son art quelques reflets de cette Beauté merveilleuse qui éblouit le regard et réchauffe le cœur, le coup d'aile divin saisit l'âme de la foule, et l'entraîne sur les sommets où la Poésie convie ses élus, et les enivre de ses ineffables séductions. Or, l'homme, avec la notion ineffaçable de la Vérité et de la Beauté parfaite, porte en lui le besoin non moins impérieux d'en rechercher et d'en goûter la possession. Il peut bien, à travers les sens, en admirer et en aimer quelques représentations fugitives et caduques. Mais lorsqu'il se rend compte de l'imperfection et de la vanité du signe jusque là admiré, le vide se creuse en son cœur, et le désir inassouvi, égaré un moment sur des objets défectibles et changeants, s'élance de nouveau vers cette Vérité et vers cette Beauté parfaite seules capables d'étancher sa soif ardente du bonheur, et de contenter ses aspirations invincibles à la possession d'un bien qui ne passe pas.

LA JOIE

La joie accompagne l'état esthétique, et grandit à mesure que l'intensité de celui-ci augmente.

La joie est le vif sentiment de la possession ou de l'attente assurée d'un bien désiré. Elle réside aussi dans l'espérance de ce bien.

La joie est souvent mesurée par le désir plutôt

que par l'excellence du bien convoité ou possédé. Néanmoins, plus ce bien est grand, plus l'appétence en est digne, et plus la joie ressentie est grande. La vivacité du sentiment de la possession s'émousse par l'habitude, et la joie s'éteint.

Pour que la joie demeure, il faut que le désir se ravive incessamment. Moins l'objet du désir est changeant et caduc, plus la joie dure. Donner le bonheur, c'est éterniser le désir si mobile, et le satisfaire constamment par la possession toujours nouvelle d'un objet revêtu du Charme et de l'Attrait du Beau.

Ce que nous disons de la joie causée par la possession du Beau, le métaphysicien et le moraliste le diront de la joie causée par la possession du Vrai et par la possession du Bien, c'est-à-dire de l'ordre, parce que ces trois termes, le Vrai, le Bien, le Beau sont les trois faces de la Perfection.

Le dernier mot sera donc celui-ci :

L'art véritable procure la joie, et la joie de l'art, jointe à celle que donnent la vision du Vrai et la pratique du Bien est vraiment l'avant-goût de l'état meilleur qui nous attend dans le Paradis de l'Amour, où réside, au sein des harmonies indéfectibles de l'Etre, la souveraine majesté du Type Eternel.

Mon Dieu, je vous remercie de m'avoir conduit à ce port, où je ne savais pas aborder en commençant cette étude.

TABLE DES MATIÈRES

PROLÉGOMÈNES

PREMIÈRE PARTIE

I

CONVENANCE

II

PROPORTION

III

HARMONIE

DEUXIÈME PARTIE

APPENDICE

TROISIÈME PARTIE

I

ORIGINE DE LA MUSIQUE

II

III

RYTHME   MÈTRE   VERS

Récit   Mélopée Mélodie

IV

PLAIN-CHANT

Lyon. — Imprimerie Emmanuel Vitte, rue de la Quarantaine, 18.